KB167754

세계 No.1 이익을 창출하는 비밀!

도요타의 원가

COST THE TOYOTA WAY

세계 No.1 이익을 창출하는 비밀!

도요타의 원가

COST THE TOYOTA WAY

| 호리키리 도시오 지음 · 현대차그룹 글로벌경영연구소 옮김 · 구자옥 감수 |

한국경제신문

원가 경쟁력의 중요성을 다시 한번 일깨우다

금융 위기 이후 저성장, 저물가 현상이 장기화되면서 최근 소비자는 가격 대비 성능과 품질이 괜찮은지 즉, 돈에 합당한 가치가 있는지value for money가 구매 결정에 중요한 요소가 되었다. 이러한 상황은 양산 브랜드는 물론 고급 브랜드도 비켜 나가지 못하고 있다.

최근 시장은 경쟁이 갈수록 치열해지고 있어 가격을 올려 수익을 높이는 것은 엄두도 내기 어려운 상황이다. 이 책에서 강조하는 '가격은 메이커가 아닌 시장이 결정한다'라는 도요타의 원가 관리 기본 원칙은 거역할 수 없는 현실이 되고 있다.

과거 우리나라 기업들은 무엇보다 가성비를 무기로

시장을 개척해왔다. 특히, 금융 위기 직후 일본 업체들이 주춤한 틈을 타 품질과 성능을 크게 개선하면서 빠른 속도로 시장을 확대할 수 있었다. 그런데 최근 들어 글로벌 시장에서 우리 기업들의 경쟁 포지션이 급격하게 약화하고 있다. 대표적인 시장이 중국이다. 이른바 '중국식 혁신'으로 무장한 중국 토종 브랜드들이 시장을 빠르게 잠식하고 있다. 이는 더 이상 중국 업체들을 짝퉁 이미지로만 판단해서는 안 된다는 것을 말한다. 중국 업체들은 저렴한 가격으로 품질도 어느 정도 갖추면서enough quality 신기술이 적용된 제품을 개발할 수 있는 역량을 단기간에 구축하는 데 성공했다. 스마트폰을 비롯해 우리 기업들을 압도하는 사례가 곳곳에서 나타나고 있다.

한편, 선진 시장에서는 2012년부터 시작된 엔저 현상에 힘입은 일본 업체들이 위에서부터 우리 기업들을 거세게 압박하고 있다. 대표적인 사례가 자동차다. 우리 제품과의 가격차가 거의 없어졌고, 일부 모델들은 더 저렴해지는 역전 현상까지 발생하고 있다. 또한, 엔저 현상이 장기화되며 증대된 수익을 상품성 개선에 투자하면서 우리에게 잠시 내주었던 가성비 측면에서도 경쟁 우위를 회복하는 데 성공하고 있다.

최근 우리 기업들은 '신넛크래커nut-cracker'라고 일컫는 이러한 경쟁 구도의 변화로 커다란 어려움을 겪고 있다. 조선 산업은 아직도 구조 조정이 진행 중이며, 한국을 대표하는 많은 제품이 세계 시장에서 고전을 면치 못하고 있다. 그 근저에는 품질이나 성능보다 원가 경쟁력의 약화가 가장 크다. 지금의 원가 경쟁력 약화 현상에는 인건비 상승 등 원가와 직접 관련된 요인들이 있겠지만, 원가 의식의 약화와 원가 관리 역량의 부족도 원인이 될 수 있으므로 반성이 필요하다.

가성비 중심의 양산 시장에서 브랜드의 힘을 기반으로 한 선진 시장으로 나아가는 것은 기업의 성장 과정에서 반드시 거쳐야 할 단계이다. 그래야 안정적으로 수익성을 높일 수 있기 때문이다. 문제는 이러한 상향 이동이 자칫 원가 의식을 약화하고, 원가 관리를 느슨하게 만들어 원가 경쟁력을 더욱 약화시킬 수 있다는 점이다. 더욱이 지금은 상급 시장조차도 가성비가 중요한 시대이다. 고급 브랜드들이 그것을 '합리적인 가격의 고급'이라고 그럴듯하게 포장하는 것만 다를 뿐이다. 이러한 상향 이동을 통해 결코 원가 경쟁력을 무시하면 안 된다는 사실을 알게 된다. 그러나 실제로 이러한 위험성에 대해 경계심을 가지며 철저한 원가 관리를 실천하는 일은 절대 쉽지 않다.

금융 위기를 전후로 많은 우리 기업이 가성비 시장에서의 성공을 바탕으로 상급 시장으로 이동해 왔다. 그러한 전략의 배경에는 우리 제품도 이제 품질과 성능의 수준이 높아졌으니 이에 걸맞은 가격을 받아야 할 때가 되었다는 자신감이 있었다. 그러나 이 과정에서 원가 의식과 원가 절감 노력이 소홀하지 않았나 생각한다. 금융 위기라는 대사건을 겪었지만, 전사적으로 대대적인 원가 절감을 전개했던 기업들은 많지 않기 때문이다.

상급 시장에 새로이 진입하기 위해서는 품질이나 성능이 기존 업체들과 비교해 뒤지지 않으면서 가격에서도 경쟁력이 있어야 하는 데 말이다. 반면, 위기에 빠졌던 우리 경쟁자들은 고비용 구조를 타파하는 필사적인 노력을 통해 원가 경쟁력을 회복하는 데 성공했다.

이 책은 무엇보다도 우리 기업들이 잠시 놓쳤던 원가 경쟁력의 중요성을 다시 한번 일깨워주는 데 큰 도움이 될 것이다. 하지만 필자가 이 책을 읽으면서 발견한 역설은 원가 경쟁력을 무기로 했던 우리 기업들이 원가 관리를 제대로 해오지 않았다는 점이다. 과거에는 그렇게 하지 않아도 될 정도의 높은 원가 경쟁력을 보유했었다는 생각이 들기도 한다. 하지만 이제는 그렇게 할 수 없다. 그래서 체계적인 원가 관리 시스템을 구축하고 관리 역량을 높이는 데 최선의 노력을 다해야 한다.

최근 많은 기업이 위기를 이야기한다. 위기에 직면해서 가장 먼저 해야 할 일은 기본을 철저하게 하는 것이다. 원가는 기업 경쟁력의 기본 중 기본이다. 그리고 관리의 기본 역시 원가 관리이다. 그러므로 위기 극복의 출발점은 원가 관리를 강화하는 것이다.

저자는 원가 관리의 시작은 바로 자신이 하는 일부터임을 잘 지적하고 있다. 자신이 하는 일부터 철저하게 원가를 계산하고 개선책을 찾으려는 노력이 필요하다. 그렇게 하기 위해서는 이 책에서 주장하듯 일의 정의부터 다시 내려야 한다. 시켜서 하는 업무는 일이 아니다. 가치 없는 업무는 일이 아니다. 가치는 창조를 통해 만들어진다. 가치 없는 일을 없애고 창의적으로 일하는 조직 문화를 만들어 나가는 것이 원가 경쟁력을 높이는 출발점이 될 것이다.

현대차그룹 글로벌경영연구소 소장

박홍재

머리말

도요타 이익의 원천은 원가 절감에 있다

도요타의 재경은 본사와 현장으로 구분되어 있다. 본사의 재경은 법인세 계산과 IR 정보 등 일반적인 기업 회계 업무를 담당하고 있다. 그렇다면 현장에 파견된 재경은 어떤 일을 하고 있을까? 그들은 각 현장에서 '정확한 상품별 원가'를 계산하기 위한 시스템 구축과 원가에 관한 교육을 한다. 이른바 '원가 별동대'로서의 역할을 수행하고 있다.

도요타는 왜 별동대까지 조직하여 상품별 원가를 계산할까? 그 이유는 상품별 원가가 이익을 창출하기 위한 원가 절감에 반드시 필요한 자료이기 때문이다.

많은 업체에서 원가 절감을 슬로건으로 내세우고 있

지만, 정작 경영자는 직원들이 협력하지 않는다며 한탄하고 있다. 도요타의 관점에서 보면 그것은 당연한 일이다. 직원들이 상품별 원가가 어떻게 구성되는지 알지 못하는 상태에서는 눈앞의 업무와 원가 간의 연결성을 파악할 수 없다. 또한, 이런 조건에서는 직원들이 개선을 위한 연구도 할 수 없다.

도요타는 상품별 원가를 항상 공개하기 때문에 직원들이 매일 자신이 해야 할 일과로 개선 활동을 하고, 일속에서 창의성을 발휘하며 아이디어를 낸다. 상품별 원가는 본사 재경이 계산하는 일반적인 기업 회계를 위한 원가와는 달리 별동대와 현장 직원들의 일상 업무 속에서 계산된다. 상품별 원가를 정확히 계산할 수 있으면 원가 절감에 도움이 될 뿐만 아니라 생각지도 못했던 효과를 얻을 수도 있다.

이를테면, 경쟁 업체의 부품 가격 계산이나 협력업체에서 납품받은 부품 원가까지 추정할 수 있다. 아울러 업체들의 기술 수준, 공정까지 읽어낼 수 있게 된다. 또한, 상품별 원가는 공장 부문뿐만 아니라 관리 부문과 사무 직군을 포함하여 전사적으로 통용되는 개념이다.

도요타는 "이익을 창출하지 못하는 행동은 '일'이 아니다"라고 생각한다. 회의를 하고, 거래처에 나가고, 기획서를 쓰는 일상적인 행동이 실제 이익에 공헌하고 있는지, 단지 비용만 발생시키고 있는 것은 아닌지를 확인한다. 그것이 부가가치를 높이는 일인지 아닌지를 판단하는 기준도 원가와의 비교를 통해 결정된다. 이때의 원가는 인건비만을 가리키지 않으며, 앞에서 말한 상품별 원가 계산과 같은 개념이다. 이처럼 원가를 의식하면 항상 '부가가치를 만드는 일을 하자'라고 생각하게 되고, 이것은 결과적으로 성과로도 연결된다.

예를 들면, 매출을 올려 이익을 창출할 수 있고, 다른 한편으로는 원가를 절감하여 이익에 공헌할 수도 있다. 이에 공통되는 것은 '원가 절감에 의한 이익 창출'이다. 매출은 책상 위에서 계산한 대로 움직이지 않지만, 원가 절감은 노력에 따라 전 부문에서 실천할 수 있기 때문이다.

일반적으로 '도요타의 원가 절감'이라고 하면, '낭비

제거'가 떠오른다. 확실히 낭비를 줄이면 이익 창출에 도움이 되지만, ①기획과 설계, ②공정별 상세 설계, ③양산이라는 3단계를 놓고 보았을 때 낭비 제거는 최종 단계인 ③에만 해당한다.

그러나 이 책에서 자세히 설명하는 것처럼 원가의 범위는 ①과 ②의 단계에서 결정됨으로 양산 단계의 원가 절감에는 한계가 있다. 도요타가 타사와 다른 점은 ①의 단계를 '최대의 원가 절감 포인트'로 보고 있다는 점이다. 이것이 '원가 기획'이라고 불리는 단계이다.

도요타는 '이익은 설계 단계에서 모두 결정된다'라는 말처럼 확실히 초기의 원가 기획 단계에서 원가와 이익이 정해진다고 생각한다.

원가 기획을 검토하는 '원가 기획 회의'는 도요타에서 최고 수준의 회의체이다. 아마 이 회의에 누가 참석하고, 무엇을 어떻게 결정하는지는 누구나 궁금할 것이다. 도요타 이익의 원천은 모두 원가 기획에서 출발하기 때문이다. 유감스럽게도 지금까지 도요타에 관한 수많은 서적과 잡지에서 원가 기획을 정면으로 다룬 적은 없었다.

이 책에서는 원가 기획 회의에 수없이 참석한 저자의 경험을 바탕으로 가능한 한 많은 독자에게 도요타 원가에 대한 사고방식을 알린다. 나아가 도요타의 '원가 기획 방법', '원가 절감 시스템' 그리고 '상품별 원가'를 추구함으로써, 세계 최고의 이익을 창출해 온 도요타의 원가 비책을 상세히 설명한다.

이제부터 도요타 이익의 원천인 원가 절감에 대해 살펴보자. 우선 도요타가 생각하는 '일'의 개념과 '원가 절감 추진 방식' 그리고 그 효과를 비약적으로 높이는 '자공정완결 시스템'과 차종 담당 총괄 책임자인 'CE'의 역할에 대해 살펴보자.

나아가 도요타를 최강으로 만든 '원가 기획'의 전모를 명확히 밝힌 후, 원가 기획의 정밀도를 높여 이익을 최대화하는 대책으로 도요타의 '낭비 제거'와 '오베야 방식'에 대해 자세히 소개한다.

목 차

추천사 _ 원가 경쟁력의 중요성을 다시 한번 일깨우다 *5*

머리말 _ 도요타 이익의 원천은 원가 절감에 있다 *11*

|제1장| 도요타가 생각하는 '일'의 개념

1. 도요타의 관점에서 '일'이란 무엇인가 *23*
2. 원가를 의식하면서 일을 한다는 것은 무슨 의미인가 *31*
3. 이익은 설계·개발 단계에서 모두 결정된다 *36*
4. 왜 원가 절감을 중시하는가 *43*

|제2장| 원가 절감 방식

1. 원가 절감을 위해서 무엇부터 시작해야 할까 *51*
2. 원가 절감은 어떻게 추진하는 것이 좋은가 *56*
3. 원가의 회계 처리는 어떻게 하고 있는가 *60*
4 기업 회계상의 원가와 원가 관리상의 원가는 어떻게 다른가 *64*
5. 원가의 종류는 어떤 것이 있을까 *70*

6. 원가 계산 | 경제성 검토 72

7. 원가 계산 | 내재화 혹은 외주화 검토 76

8. 원가 계산 | 손익분기점 79

9. 원가 계산 | 차액 원가 · 절대 원가 82

10. 어떻게 타사의 원가까지 추정할 수 있는가 87

11. 어떻게 협력업체의 원가까지 추정할 수 있는가 92

|제3장| 설계·개발 조직 구성 방법

1. 최종 검사에서 불량을 없앨 수 있는가 103

2. 자공정완결은 어디까지 응용할 수 있는가 112

3. CE는 어떻게 선발되고, 어떤 일을 하는가 116

4. CE는 어떻게 고객의 요구를 파악하는가 119

5. 부가가치에 중점을 둔 도요타의 강점 123

|제4장| 원가 기획

1. 상품 기획부터 양산까지 프로세스는 어떻게 되는가 *131*

2. 판매 부문에서 제안하는 상품 기획이란 무엇인가 *137*

3. 제품 기획이 있는데도 왜 원가 기획이 필요한가 *140*

4. 총원가를 어떻게 할당하는가 *143*

5. 원가 기획 회의는 어떻게 진행되는가 *149*

6. 원가 계획은 어떻게 추진하는가 *151*

7. 부품 설계 단계에서는 어떻게 원가를 달성하는가 *157*

8. 부품 설계 확인은 어떤 방식으로 진행하는가 *162*

|제5장| 낭비 제거

1. 부가가치가 없는 일을 배제하려면 어떻게 해야 하는가 *169*

2. 낭비 제거를 위해서는 어떤 관점이 필요한가 *174*

3. 현장의 낭비는 어떻게 제거해야 하는가 *177*

4. 비용과 인력을 들이지 않는 낭비 제거란 무엇인가 *181*

5. 불량품을 줄이기 위해 어떻게 하는가 *184*

6. 낭비 제거를 설계 단계에서 활용하는 방법은 무엇인가 *188*

7. 도요타식의 안이한 이해에 의한 실패 *194*

8. 적자 회사를 흑자로 만든 낭비 제거 *200*

|제6장| 오베야 방식의 효과

1. 도요타의 가시화란 무엇인가 *213*

2. 오베야 방식을 도입하면 무엇을 할 수 있는가 *220*

3. 어떤 효과가 있는가 *227*

4. 어디까지 응용할 수 있는가 *231*

5. 어떻게 추진하면 좋은가 *234*

6. 원가 절감의 효과가 있을까 *239*

맺음말 _ 이익은 생산하기 전에 모두 결정되어 있다 *248*

제1장

도요타가 생각하는 '일'의 개념

도요타가 생각하는 '일'의 개념

01

도요타의 관점에서 '일'이란 무엇인가

●●● 개선을 위한 연구 없이 하는 일은 '일'이 아니다

'이익을 창출하는 부가가치가 있는 행동' 이것이 도요타가 생각하는 '일'에 대한 개념이다.

회사에서는 일반적으로 하향식Top-Down으로 의사결정을 하고, 상사의 지시에 따라 일을 한다. 그러나 '상사가 지시한 대로만', '기존 방식을 의심하지 않고 관행대로만' 일을 한다면 그것은 부가가치를 창출하는 일이라고 할 수 없다.

'일'은 개개인이 자발적이고 자립적으로 창조성을 가

지고 바라볼 때 비로소 '일'이라고 할 수 있기 때문이다. 또한, 어떤 일에 최선을 다하면 자연스럽게 그 일을 해내기 위해 본인 스스로 가장 좋은 방법을 생각해내고, 좋은 결과를 얻으려고 노력할 것이기 때문이다.

즉, 도요타는 개개인이 상사의 역할과 의중을 파악해서 어떻게 하면 부가가치를 높이고, 어떻게 하면 부가가치를 더할 수 있을지를 고민하는 것이야말로 '일'이라고 생각한다. 그래서 개개인이 '스스로 보람을 느끼면서 일을 해낸다'라는 생각을 가지고 사업장 곳곳에서 일하는 것이 가장 바람직하다고 여긴다.

만약, '부가가치'라는 용어가 추상적이어서 이해하기 어렵다면, 좀 더 구체적인 용어로 바꿔 보자.

신상품을 개발한다
히트 상품을 개발한다
영업을 통해 매출을 늘린다
신규 고객을 확보한다

이런 것들이 곧 부가가치를 창출하는 '일'이라고 할 수 있다.

이익으로 연결되는 행위인지 아닌지가 일의 기준

〈표 1〉처럼 일과를 시간을 기준으로 표현할 수 있다.

세로축의 플러스는 부가가치를 창출하는 '일'을 하는 시간대이고, 마이너스는 인건비, 교통비, 접대비 등 비용만 발생하는 시간대이며, ±가 거의 제로인 부분은 부대 업무라고 부른다.

부대 업무는 이익을 창출하기 위한 준비 업무로 생산라인에서 부품이 놓여 있는 장소까지 이동하는 행위 등을 말하는데, 그 시간대는 부가가치가 제로이거나 마이너스다.

대부분 일과 중에서 부가가치를 올리는 업무 수행 비율은 생산 부문이 25% 정도, 스태프 부문은 겨우 10% 정도에 불과하다.

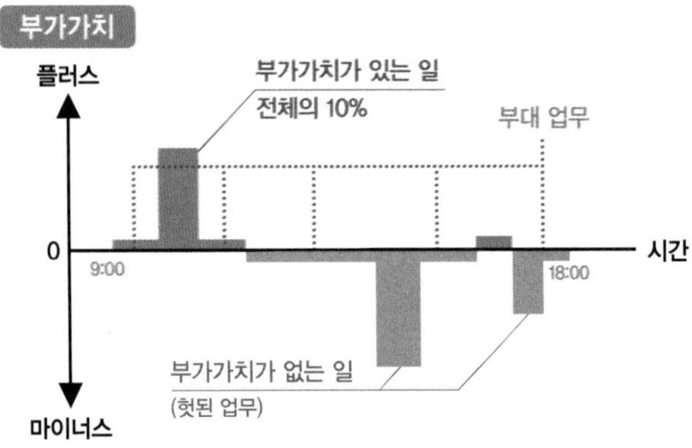

〈표 1〉 부가가치로 본 사무직의 일일 업무 사례

사무직은 생산 현장과는 달리 일을 하고 있는지 놀고 있는지가 확실하지 않은 경우가 많다. 예를 들어, 인터넷 검색을 할 때도 일을 하고 있는지 아니면 놀고 있는지를 판단하기란 쉽지 않다. 일인지 아닌지의 판단도 역시 이익 창출 여부에 따라 결정된다.

같은 메일이라도 사내 업무 처리를 위해 발송하는 것이라면 부가가치를 창출하는 일이라고 할 수 없지만, 고객의 상품 문의에 대한 회신이라면 '이익을 창출할 가능성이 있다'는 점에서 '일'로 판단해도 좋다.

외부는 이익 확보, 내부는 원가 절감

결국, 사내 업무 처리용 메일은 대부분 비용이 드는 마이너스이고, 외부 고객에게 보내는 메일은 플러스로 평가할 수 있다. 외부 고객에게 보낸 메일로부터 매출이 발생하고, 매출이 회사에 플러스가 되는 이익을 창출하는 근원이 되기 때문이다.

물론, 순수하게 사내 메일이라도 그 내용이 제안이나 아이디어를 포함하고 있어 원가 절감에 공헌하는 경우에는 부가가치를 높이는 이익의 창출로 연결되기 때문에 플러스로 판단할 수 있다.

결론적으로 첫째, 외부 메일은 매출을 늘리고 이익을 창출하는 내용일 때 둘째, 내부 메일은 원가 절감으로 이어지는 내용일 때 '일'이라고 할 수 있다.

대부분 직원은 일을 하고 있지 않다

외부에서 도요타를 보는 시각은 '도요타는 완벽하다', '낭비가 전혀 없다'이다. 그러나 그것은 터무니없는 오해다. 도요타 내부에도 낭비는 많다. 그중에서도 회의는 생각보다 낭비가 많은 업무이다. 본회의에 앞서 발언을 조율하는 등 사전 회의가 너무 많다. 생산 부문을 제외하더라도 스태프기획, 설계, 개발 등 부문에서는 여전히 도요타도 개선 활동●이 필요하다.

그렇다면 회의는 과연 어느 정도의 부가가치를 창출하고 있을까?

아마도 대부분은 마이너스일 것이다. 회사라는 조직의 측면에서 보면, 부가가치는 '고객이 기쁜 마음으로 상품을 사 주고, 그 결과로 매출이 발생하여 이익을 얻는 것이다. 그래서 비록 본인은 일하고 있다고 생각할지라도 단순히 사내에서 바쁘게 돌아다니는 것은 대부분 손실이고 경비라고 말할 수밖에 없다.

〈표 2〉와 같이 사내 업무를 처리하는 것은 외부에서 발생하는 이익을 늘리려는 아이디어를 내고 있지 않기 때문이다. 그것은 도요타의 기준에서 보면 '바빠 보이지만 전혀 일을 하지 않는 상태'인 것이다.

● 업무 효율 향상과 작업 시 안전 확보, 품질 불량 방지 등 생산과 관련된 모든 활동을 말하며, 위에서 내린 명령대로 따르는 것이 아닌 작업자 스스로 생각하고 변화를 이끌어가는 활동을 말한다

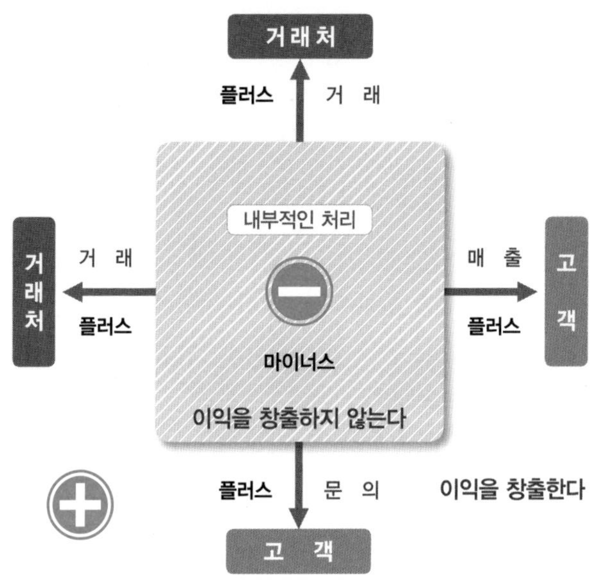

〈표 2〉 이익을 창출하는 일과 이익을 창출하지 않는 일

원가를 의식해야 일을 되돌아본다

도요타의 회의 시간은 부서에 따라 조금씩 차이가 있다. 같은 부서원끼리 하는 회의는 15분 이내에 끝내고, 다른 부서원들과 하는 회의는 1시간 이내로 끝내려고 한다. 이처럼 회의 시간을 줄이려고 노력하지만, 1시간인 본회의를 하려면 조정회의를 여러 번 거치게 마련이다.

회사에서 회의를 모두 없앨 수는 없다. 하지만 꼭 기억해야 할 것이 회의는 부가가치가 마이너스이며, 부가가치가 제로인 부대 업무라는 의식이다. 이런 생각을 습관처럼 가지고 있어야 한다.

그렇게 되면 비록 회의 자체는 마이너스라고 해도 '마이너스를 제로로 바꾸려면 어떻게 해야 할까?', 더 나아가 '회의에서 플러스를 내려면 어떻게 해야 할까?'를 의식할 수 있게 된다. 그러면 '기본적으로 마이너스인 회의에서 무엇인가 성과를 내자'라고 의식하게 되고, 그것만으로도 성공한 사례라고 할 수 있다.

02
원가를 의식하면서 일을 한다는 것은 무슨 의미인가

●●● 항상 '효과와의 균형'을 생각한다

과거 저자가 컨설팅했던 미국 보잉사에서 설계 담당자에게 부품별 원가를 물었다. 그러자 그는 "부품 원가요? 몰라요. 저는 설계 담당자라서 원가와는 전혀 관계가 없어요."라고 대답했다.

그래서 "그렇다면 원가는 누가, 언제 계산하지요?" 하고 바꿔 질문하자, 그는 "설계가 끝난 후에 개발이 시작되고, 어느 정도 시작품이 완성됐을 때 재경 담당자가 원가를 계산합니다." 하고 대답했다.

설계 담당자는 설계만 담당하고, 재경 담당자는 원가 계산만 담당한다. 그렇게 되면 설계 단계와 원가 계산 단계는 적어도 2~3년의 차이가 생겨서 설계 담당자는 3년 후의 원가는 전혀 고려하지 않은 채 설계를 한다는 말이다.

일반적으로 제조업의 스태프 부문은 상품 기획, 시장 조사, 설계 등 양산 개시 전 단계까지만 담당하고 있다. 그리고 대부분 회사는 보잉사처럼 설계 부문은 설계가 끝날 때까지 원가를 계산하지 않고, 양산 단계에 들어간 후에 비로소 재경 부문이 상품 원가를 계산하기 시작한다. 이는 미국이나 일본 업체 할 것 없이 공통적인 과정이다.

이럴 경우 설계 담당자는 양산 단계의 원가 등은 일절 고려하지 않고, 성능과 품질에만 집중해서 도면 작업을 한다. 이렇게 하면 '전체의 원가를 절감한다'는 의식이 당연히 약해질 수밖에 없다.

물론, 설계 부문에서 '성능과 품질'에 설계 역량을 집중한 결과, 최신 기술과 우수한 디자인을 적용한 자동차를 개발해낸다면 상품성에 긍정적인 효과가 있다는 점에서 부가가치를 창출했다고 할 수 있다. 그러나 이럴 때에도 설계 시 항상 '원가와의 상관관계'를 염두에 두고 있어야 한다.

'분명히 이 소재를 사용하면 겉보기에는 깔끔하게 완성되겠지만, 원가가 300%나 상승하니 대체 소재를 찾아보자'라고 생각할 수 있어야 한다. 반면, 설계 담당자가 원가를 전혀 모르거나, 관심이 없는 상태에서 작업한 도면은 '성능, 품질, 원가'라는 세 측면의 균형을 전혀 고려하지 않고 완성한 것이다.

상품 설계 단계에서부터
원가와 판매 효과 간 상관관계를 고려

원가에 대한 사고방식은 자동차 업계뿐만 아니라 타 업계도 비슷하다. 출판업계를 예로 들면, 출판사는 북 디자이너에게 도서 디자인 의뢰 시 종이 원가가 한없이 상승하는 것을 방지하기 위해 디자이너가 선택할 수 있는 종이 종류를 지정해주는 경우가 많다. 일반적으로 디자이너는 원가보다는 디자인을 우선시하여 품질이 좋은 종이를 선정하고, 특수가공 방식을 요구하여 디자인 효과를 극대화하려고 한다. 다시 말해, 디자이너는 자신이 직접 돈을 내지 않기 때문에 도서 원가에는 관심이 없다.

디자이너의 요구대로 도서를 제작하면 확실히 디자인은 멋질 것이다. 그러나 한정된 예산으로 출판해야 하는 상황에서는 어떨까? 과연 가장 품질이 좋은 종이를 사용하고, 특수한 가공을 할 가치가 있을까? 여기서 '가치'란 소재의 선정과 특수 가공이 상품의 매출에 얼마나 공헌하는가이다. 어떤 분야의 상품이던지 항상 비용과 판매 효과 간의 상관관계를 고려해야만 한다.

최초 설계 단계에서 원가를 고려하지 않고 소재나 부품 등을 결정하면, 나중에 양산 단계에서 비용을 억제하는 데 한계가 있다.

자동차는 설계 · 개발 등 선행 단계에서 원가가 대부분 정해지기 때문에 양산 단계인 생산 현장에서 '아무리 개선하고', '아무리 마른 수건을 쥐어짜도' 선행 단계에서 결정된 원가 구조를 바꾸기는 쉽지 않다.

그래서 설계 · 개발 등 선행 단계에서 원가를 염두에 두고 '일'을 하는 '조직 구조'를 만드는 것이 무엇보다 중요하다.

03
이익은 설계·개발 단계에서 모두 결정된다

●●● 원가에 이익을 더한 가격으로는 경쟁에서 이길 수 없다

'설계 · 개발 단계에서 이익은 모두 결정된다'라는 것은 놀랍지만 사실이다.

예를 들어, 도요타가 신차를 출시할 때 판매 가격을 도요타가 결정한 것처럼 보이지만, 사실은 신차의 차 등급, 성능, 품질 등으로 시장 가격이 대략 정해져 있다. 시장 가격은 도요타가 결정하는 것이 아니라 시장 즉, 고객이 결정하는 것이다.

제조사는 자동차를 만드는 데 소요된 원가에 이익을

더하여 판매 가격을 정하고, 그 가격으로 팔 수 있다면 당연히 이익이 난다. 상품의 원가가 80만 엔이고, 20만 엔의 이익을 더해 100만 엔에 팔 수 있다면 제조사는 정말 좋을 것이다.

하지만 자동차 시장에는 다양한 제조사, 차종, 모델이 경쟁하고 있으므로 고급 브랜드나 차종이 아닌 이상 자동차는 일반적으로 '차 등급, 배기량, 성능, 품질' 등에 따라 자연스럽게 시세가 형성된다.

시세가 100만 엔인 자동차를 도요타가 120만 엔에 시판하더라도 타사와의 가격 경쟁에 밀려 결국에는 100만 엔으로 가격을 인하할 수밖에 없다. 즉, '원가+이익=판매 가격'이라는 공식은 성립되지 않는다.

그렇다면 매출은 '판매 가격×판매량'이므로, 적어도 판매량을 늘릴 수 있다면 매출도 증가하여 결과적으로 이익을 낼 수 있지 않을까? 그러나 여느 업계에서나 마찬가지로, 도요타 역시 신차 판매량을 정확히 예측하거나 기대한 만큼 판매량을 늘리는 것은 어려운 일이다.

이처럼 도요타의 신차에 대한 기획은 출시 2~3년 전

판매 부문이 상품 기획이란 형태로 제안하기 때문에 도요타 역시도 3년 후의 판매 계획을 정확하게 세우는 것은 어렵다.

원가에 따라 이익이 결정되는 메커니즘

자동차의 판매 가격은 차 등급 등에 따라 판매 전부터 이미 정해져 있고, 판매량도 예측 불가능하다면 확실하게 이익을 확보하기는 쉽지 않다. 그렇다면 이익을 내기 위해 제조사의 입장에서 할 수 있는 확실한 방안은 무엇일까? 결국, 원가를 억제하는 방법밖에는 없다. 달리 말해, 노력을 통해 원가를 절감할 수 있다면 이익은 보장된 것이나 다름없다.

'원가에 따라 이익이 결정된다'라는 말과 '설계 · 개발 단계에서 이익은 모두 정해진다'라는 말은 같은 맥락이다. 또한, 원가를 낮출 수 있다면 이익이 증가할 뿐만 아니라, 가격 경쟁이나 예상하지 못한 환율 변동에도 손익분기점이 낮은 만큼 버틸 수 있다. 도요타가 전사적으로 원가 절감을 추진하는 이유가 바로 여기에 있다.

✕ 원가에 이익을 더하여 판매 가격 결정

판매 가격 = 원가 + 이익

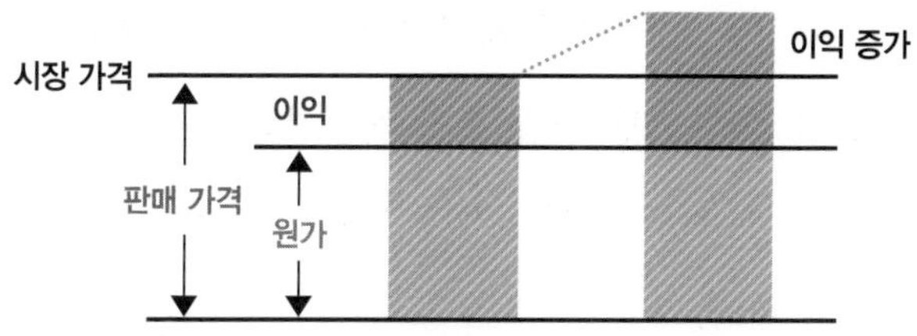

원가에 일정한 이익을 더하여 판매 가격을 결정한다
(제대로 기능하지 않음)

○ 시장 가격에서 이익을 뺀 후 원가 산정

이익 = 판매 가격(시장 가격) − 원가

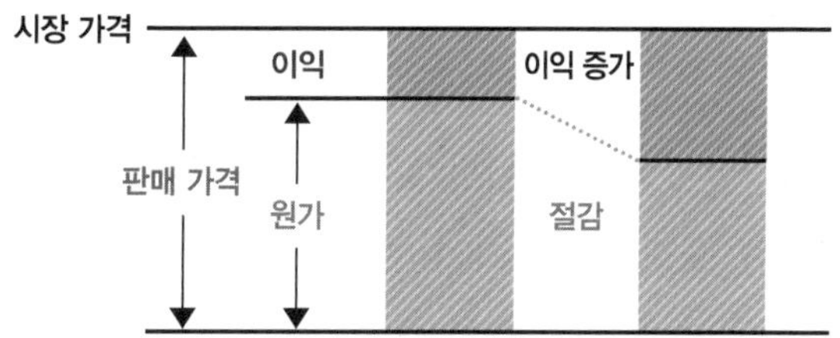

판매 가격은 소비자가 결정하고
기업은 이익을 확보하기 위해 원가 절감을 한다

〈표 3〉 원가에 따라 이익이 정해지는 메커니즘

도요타의 강점은 '원가 기획'

판매 부문에서 '이런 자동차를 출시하면 좋겠다'라고 제안하는 것을 '상품 기획'이라고 한다. 도요타에서는 상품 기획안이 채택되면 신차 개발 프로젝트를 위해 차종 담당 개발 총괄 책임자인 CE수석 엔지니어, Chief Engineer를 선정하고, 가장 먼저 '제품 기획'과 '원가 기획'을 한다.

①제품 기획 – 신차의 성능, 품질을 기술 및 설계 측면에서 검토한다.

②원가 기획 – 신차의 이익 확보 방안을 원가 측면에서 검토한다.

②원가 기획은 도요타 특유의 용어로, 생소하게 느껴질 수도 있다. 대부분 기업은 기획서를 제출할 때 총원가, 원가율 등을 계산하여 첨부하지만, 대부분 ①제품 기획성능, 품질에 주목하고, ②원가 기획은 단순하게 부록쯤으로 취급한다. 그러나 도요타는 다르다. 부사장급도 참석하는 '원가 기획 회의'가 양산 단계 직전까지 월

1회씩 정기적으로 개최되어 목표 원가를 달성하기 위한 대책이 지속해서 추진된다.

①제품 기획과 ②원가 기획이 함께 제출되며, 제품 기획을 원가 측면에서 끊임없이 확인하는 것이 원가 기획이자 회의이다. 이것이 바로 도요타 자동차 개발의 가장 큰 특징이다.

목표 원가를 정해 이익을 확보

도요타가 원가를 중시하는 이유는 이미 상품 기획 단

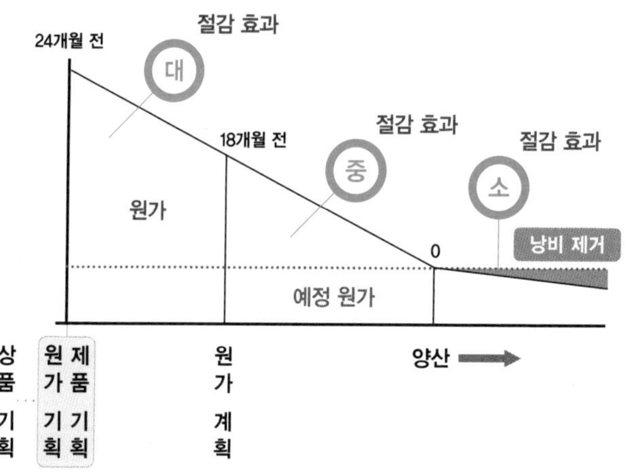

〈표 4〉 원가 절감 효과 사례

계에서 판매 가격이 결정되기 때문에 확실하게 이익을 창출하려면 원가 절감밖에 방법이 없기 때문이다. 또 다른 큰 이유는 원가에 크게 영향을 미치는 소재, 설비, 공정 등의 범위가 설계 · 개발이라는 초기 단계에서 결정되기 때문이다.

〈표 4〉처럼 설계 · 개발이 진행될수록 나중에 원가를 절감할 수 있는 범위가 점점 좁아진다. 그래서 설계 · 개발이라는 초기 단계에서 원가를 설정하는 것이 가장 효과적이다.

04
왜 원가 절감을 중시하는가

●●● 전 직원의 노력과 개선을 통해 원가 절감을 실현한다

컨설팅을 위해 여러 회사에 파견을 나가 보면 생각하지 못했던 도요타에 대한 오해에 대해 들을 때가 있다. 그중 하나가 '도요타는 매출 증가보다 원가 절감을 중시하는 회사'라는 오해다. 당연하겠지만, 도요타 역시 매출이 최우선이다.

매출을 계획대로 늘릴 수 있다면 원가는 자동으로 낮아지고 그에 따라 이익도 낼 수 있기 때문에 일석이조이며, 이처럼 쉬운 일도 없다.

그러나 앞서 말한 것처럼 판매 가격은 여러 가지 상황에 따라 시세가 정해진다. 도요타의 희망만으로는 판매 가격을 올릴 수 없다. 결국, 남은 방법은 원가 절감 노력으로 이익을 확보하는 수밖에 없다. 이것이 도요타가 '원가 절감'에 집중하는 이유다. 물론 그것만이 원가 절감을 중시하는 모든 이유가 되진 않는다.

간접 부문이야말로 이익에 공헌

먼저 직원 구성을 보면, 매출에 직접 공헌할 수 있는 부문과 그렇지 않은 간접 부문으로 나눌 수 있다. 도요타의 영업, 마케팅 등은 매출에 직접 공헌하고 있다. CE도 설계 · 개발을 통해 매출에 공헌하고 있다.

그러나 그 외 총무나 인사, 사장실 나아가서 생산직 이외에 공장에서 근무하는 직원들은 직접적으로 매출을 늘리는 데 종사하고 있지 않다. 게다가 재경 부문은 판매는커녕 제조에도 관여하고 있지 않기 때문에 '재경 직원은 존재 그 자체가 비용'이라고 말하는 사람도 있을 정도다.

그렇다면 이런 간접 부문에서 일하는 직원들은 어떻게 해야 할까? 원가를 조금이라도 억제하는 아이디어와 업무 개선이 실제로 회사의 이익에 공헌할 수 있다고 인식하는 것이 중요하다. 부가가치가 있는 '일'을 하는가에 대한 판단 기준은 '이익을 창출하고 있는가'라고 앞서 말했다. 그리고 이익을 창출하는 방법은 다음과 같이 두 가지가 있다.

①외부적으로 매출을 늘리고 이익을 창출하는 내용인가?

②내부적으로 원가 절감으로 연결되는 내용인가?

즉, 매출과 직접 관련 없는 부서라도 원가 절감에 공헌할 수 있다. 예를 들어 〈표 5〉처럼 총무나 인사 등 간접 부문도 포함해서 원가 절감 활동을 할 수 있으므로 그들은 전사적인 이익 공헌 활동과 연결되어 있다.

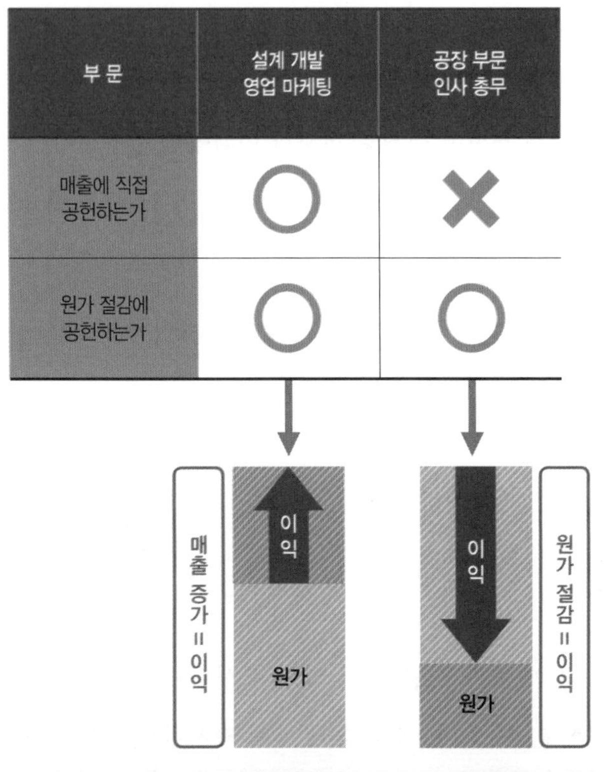

부 문
설계 개발
영업 마케팅
공장 부문
인사 총무
매출에 직접
공헌하는가
원가 절감에
공헌하는가
매출 증가 = 이익
이익
원가
이익
원가
원가 절감 = 이익
이익을 창출하기 위한 대응 방식은 사내 부서에 따라 다르다

〈표 5〉 어느 부문이든지 원가 절감에 공헌할 수 있다

전 직원이 이익에 공헌하는 것이 원가 절감을 통해 실현될 수 있으므로 도요타는 원가 절감을 무엇보다 중

시하고 있다.

매출 증가는 외부적인 요인으로 인해 기대한 대로 실현되는 데 한계가 있지만, 원가 절감은 전 직원이 추진하고 노력과 개선 연구를 통해 실현할 수 있기 때문이다.

제2장

원가 절감 방식

원가 절감

방
식

01
원가 절감을 위해서 무엇부터 시작해야 할까

●●● 상품별로 전체 원가를 정확히 파악한다

지금부터 하는 이야기를 들으면 "도요타가 원가에 대해 이렇게까지 깐깐하다니!" 하고 놀랄 수도 있다. 대부분 사람은 도요타의 이런 방식을 처음 접했을 때, '너무 세세해서 힘들어 보인다'라고 생각한다. 그러나 이런 것이 타사는 흉내 낼 수 없는 도요타만의 가장 큰 저력이라는 사실을 잊지 말아야 한다.

원가를 절감하려면, 먼저 현재의 정확한 원가를 계산할 필요가 있다. 그렇지 않으면 나중에 실제로 원가가 절감되었는지를 평가할 수 없기 때문이다.

이때의 원가란 '상품별 세부 원가'를 의미한다. 또한, 공장의 조명 비용 등 전기료를 '공장 전기료'라는 형태로 일괄처리하고 있지 않은지 또는, 층별로 한꺼번에 처리하고 있지 않은지 확인해야 한다. 결국, 상품별 전기료가 얼마인지 정확히 계산하고 확인하는 것이 중요하다.

예를 들어, 작업용 장갑이라고 해도 공장 전체로 뭉뚱그려 '소모품'으로 일괄처리하면, 상품별 원가를 알 수 없다.

5월 9일, '이 상품의 작업에는 장갑 8개, 수건 13개를 사용했다'라고 기록했을 때 비로소 상품별 원가를 계산할 수 있다. 어느 상품의 작업에 사용했는지 일일이 기록하는 것은 힘든 일이지만, 이것을 습관화하지 않으면 상품별 원가는 계산할 수 없다.

도요타 공장의 원가 관리는 반드시 '상품별, 부품별, 조별'로, 무엇을 얼마나 사용했는지 일일이 기록하고 분류하고 있다.

커피 한 잔까지 상품별로 원가를 파악

이 이야기를 듣고 몸서리치며 '사무직이라서 다행이다'라고 생각하는 직원이 있다면 그것은 터무니없는 착각이다. 당연히 사무직도 예외는 없다.

예를 들어, 사내 회의에 드는 경비는 참석한 직원의 인건비만이 아니다. 메모하기 위해 10엔짜리 연필심을 10분의 1만큼 사용했다면 1엔의 경비가 쓰인 것이다. 15명이 참석한 회의라면 연필 소모비는 15엔이 된다.

또한, 회의 중에 모두 사내의 커피나 차를 마셨고, 그 원가가 한잔에 8엔이라면 120엔을 썼다. 게다가 종이컵이나 회의실의 전기료 등도 계산해야 한다.

한편, 도요타는 수십 년 전부터 커피나 차는 직원의 자가 부담으로 처리하고 있다. '아무리 도요타라고 하지만 그렇게까지 하는 것은 조금 지나친 게 아닌가'라고 생각할 수도 있지만, '상품별로 원가를 파악한다'라는 것이 원래 이런 것이다.

원가의 정밀도가 높아지면 타사의 원가도 추정

원가를 정확히 파악하려면 예외를 두어서는 안 된다. 작업자별, 라인별로 소모되는 비용 등을 끝까지 철저하게 파악해야 한다. 하지만 대부분 회사에서는 자잘한 비용은 '비용 배분'이라는 처리 방식을 사용하고 있는데, 이는 주먹구구식 계산이다.

즉, 재료비는 생산라인의 생산량에 비례해서 부담하고, 전기료는 라인의 인원수에 따라 배분하는 방식이다. 이런 방식으로는 상품별 원가를 정확하게 파악할 수 없다.

핵심은 다음과 같다. ①모든 비용을 상세히 계산하고, ②그에 따라 실적을 파악하고, ③상품별로 원가를 파악하는 시스템을 만들고, ④그것을 실행한다. 이런 방식이 아니라면 정확한 상품별 원가를 파악할 수 없다.

상품별 원가를 철저히 파악하게 되면 부수적인 효과로 원가의 정밀도가 현저히 높아진다.

예를 들면, 원가의 정밀도가 높아지면 개개인의 원가 절감 노력에 대한 성과를 가시적으로 나타낼 수 있게 된다.

또한, 타사의 자동차를 분해Tear Down하거나 협력업체에서 받은 원가 명세서를 보게 된다면 경쟁사의 실제 원가를 추정할 수 있다는 강점도 생긴다. 이에 대해서는 뒤쪽에서 자세히 설명한다.

02
원가 절감은 어떻게 추진하는 것이 좋은가

●●● 개선 연구와 개선 활동으로 세부 데이터를 축적해 나간다

원가 절감을 목표로 하고 있다면 앞서 설명한 상품별 원가를 정확히 파악하는 것부터 시작해야 한다. 이때 얼마나 정확히, 얼마나 상세하게 원가 데이터를 수집하는지가 중요하다.

앞에서 회의 시 연필이나 커피를 예로 들었는데, 도요타는 매일매일의 원가를 철저하게 파악하여 상품별로 원가를 한눈에 알아볼 수 있게 했다.

'당연히 도요타의 재경 담당자는 매우 힘들 것'이라

고 생각하겠지만, 데이터를 수집하는 것은 조장그룹 리더과 같은 현장 담당자의 일이다. 그들은 현장에서 상세히 원가 데이터를 수집하여 원가를 관리하고 있다.

매일의 원가 데이터에는 절삭유, 목장갑, 안전화, 컵, 케이블타이, 기름걸레, 안전장갑 등 모든 것이 해당한다. 안전장갑을 예로 들면, '00일은 1장당 20엔짜리 안전장갑을 45장 사용했으므로, 금액으로 환산하면 900엔이 된다'라는 데이터를 기록한다. 품명, 모델명, 단위 등의 구별도 각각 상세하게 기재되어 있다.

사용한 소모품이나 재료의 금액과 개수를 매일 치밀하게 집계해서 그것들이 '코롤라의 엔진 작업 시에 어느 조에서 사용되었다'라는 식으로 기록해 차종별, 부품별, 조별 원가를 확실하게 파악한다.

데이터가 자동으로 집계

〈표 6〉이 그 예다. 이렇게 상세한 자료실물은 공개할 수 없지만, 실제로는 더 자세하다를 보여 주면 대부분 기업은 '이 자료를 만드는데, 대체 얼마나 많은 시간이 걸렸을까?',

자재 품번	품명	형식	단위	수량		차이	금액(천 엔)	
				예산	실적		예산	실적
AB-111	프린터 라벨	23×85	KO	70,000	32,457	37,543	238	110
AB-112	장갑	장갑	SOU	4,500	4,752	−252	113	119
AB-113	생산용 절삭유	B-183	L	390	330	60	50	43
AB-114	세정 표면 처리제	R-705	L	39	37	2	18	15
AB-115	수건	B40×40	KO		1,250			15
AB-116	기름 걸레		15KG		55			8
AB-117	종이컵	150CC	KO		100			0
AB-118	케이블 타이	CV-200	KO		100			0
AB-119	가죽 케이스	S	KO		3			6
AB-120	마커	화이트	KO		38			5
AB-121	2급 방진 안경	S	KO		2			4
AB 122	안전 장갑	프리 사이즈	SOU		45			9
AB-123	펜리 장갑	S	YOU		40			27
AB-124	안전화	CF211-B	SOU		–			0
AB-125	스퍼터 튜브	FS-5-6×4	M		2			0
AB-126	잉크 리본	TR-AC-03	KO		4			11
AB-127	전구	LW110V-40W	KO		3			0
……	……	……	……		……			……

〈표 6〉 소모성 공구비의 입력 사례

'입력하는 것도 일'이라며 놀란다. 게다가 이 방대한 자료를 바탕으로 그래프와 표를 작성하여 분석해야 하기 때문에 '아찔한 이야기'라고 한다.

하지만 입력 작업은 그렇게 부담되지 않는다. 지금은 자동화되어 컵 5개, 케이블타이 3개를 사용했다고 하는 경우에도 바코드 리더로 소모품의 이름, 가격, 사용량 등이 빠르게 입력되고, 그래프도 자동으로 출력되므로 생각만큼 힘든 작업은 아니다.

도요타는 처음부터 '낭비를 줄이려면 어떻게 해야 할까', '원가를 낮추려면 어떻게 해야 할까'와 같은 원가 절감을 주목적으로 한다.

도요타는 원가 절감을 위해 '정확한 원가 데이터'가 필요해서 모든 상품별 경비 데이터를 취득하려고 노력한다. 하지만 이를 위한 노력과 시간, 비용은 최대한 줄이는 것을 당연하게 여기고, 철저히 지키고 있다.

03
원가의 회계 처리는 어떻게 하고 있는가

●●● 기업 회계와 원가 관리, 두 가지로 나누어져 있다

재경 직원이라면 이미 이해하고 있겠지만, 다음 두 가지는 전혀 다른 것이다.

①기업 회계상의 원가

②원가 관리상의 원가(원가 절감에 활용하기 위한 상품별 원가)

예를 들면, 도요타는 2016년 3월기 결산보고에서 감가상각기업 회계상은 약 8,800억 엔이라고 발표했지만, 대다수의 도요타 직원은 자사의 감가상각액이 얼마인지에 대해서는 관심이 없다. 그것은 경영진이나 주주가 관심을 보이는 항목이고, 전문 지식이 있는 사람이나 이해할 수 있는 수치다.

가장 중요한 것은 현장이나 설계자, 직원 모두가 활용하는 원가 ②에 해당라는 분야를 만들고, 그것을 계산하고, 누구나 볼 수 있도록 해서 '원가 절감'에 도움이 되도록 하는 것이다. 앞서 말한 것과 조장이 상세하게 장갑, 기름걸레 등을 입력하는 것도 모두 그 이유 때문이다.

재경은 두 부문으로 나뉘어 대응

재경은 재무 관련만 담당하고, 현장에서의 원가 관리는 모두 조장에게 맡겨져 있는 것처럼 보이지만 사실 그렇지는 않다. 도요타의 재경은 타사와는 달리 두 부문으로 나뉘어져 있는데, 기업 회계법률상와 원가 관리원가 절감 부문이다.

기업 회계 부문은 다른 기업과 마찬가지로 본사에서 일반적인 재무 · 회계 처리를 담당한다. 원가 관리 부문은 도요타의 본사 재경에도 있지만, 〈표 7〉과 같이 대부분은 설계부 등의 관리 혹은 공장 부문에 분산 배치되어 있다.

그들은 현장에서 데이터 작성, 시스템 마련, 원가 관리 체제 구축 등의 업무를 수행한다. 이런 업무에는 전문적인 재무 · 회계 지식이 필요하므로, 그들이 전담자가 되어 해당 업무를 담당해야 한다.

현장의 조장은 본래의 업무가 있다. 바코드를 입력하는 정도라면 생산 현장의 팀장이나 설계 부문 엔지니어

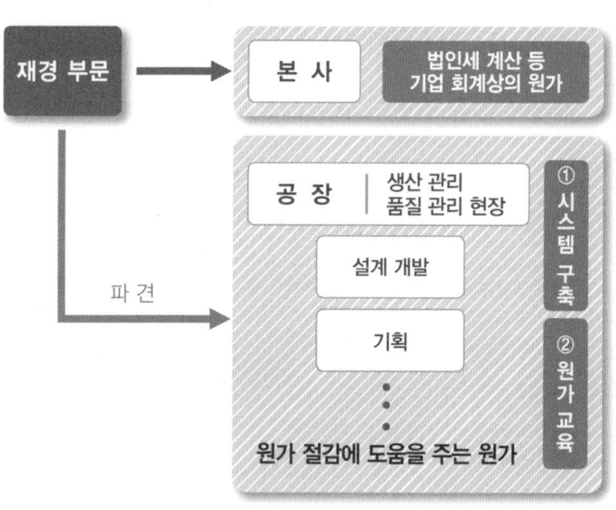

〈표 7〉 재경은 두 부문으로 나뉘어 대응한다

등 각 부문에서 처리할 수 있지만, 원가를 파악하기 위한 시스템 구축은 전문 지식이 필요하다. 그래서 재경에서 파견된 직원이 그 업무를 맡고 있다.

현장에 파견된 재경 직원들은 또 한 가지 중요한 업무를 맡고 있는데, 바로 현장에서의 원가 교육이다.

'원가란 무엇인가, 어떻게 원가 절감으로 연결되는가, 자신의 업무와 어떤 관계인가'를 설계자, 현장 작업자에게 교육하고, 원가 절감으로 연결하는 역할이다.

이것 역시 재경 부문의 힘을 빌리지 않으면 할 수 없다.

04
기업 회계상의 원가와 원가 관리상의 원가는 어떻게 다른가

●●● 현장의 원가 관리에서는 모든 비용을 원가에 포함시킨다

기업 회계상의 '원가'와 원가 절감을 위해 현장에서 필요한 '원가'는 과연 무엇이 어떻게 다를까?

한마디로 말해 현장에서 필요로 하는 원가는 '제품으로 완성되지 않는 부분에 대해서도 원가를 파악할 수 있다'라는 점에서 크게 다르다.

예를 들어, 가공 불량품이 2개 발생했을 경우, 기업 회계에서는 가공 불량품에 의한 원가 상승을 파악할 수 없다. 그러나 원가 절감을 위한 원가에서는 가공 불량

품 2개 분량도 원가에 포함해 파악하도록 한다.

감가상각비에 대한 처리도 다르다. 자동차 업체나 가전 업체는 '금형 비용'이 존재하는데, 기업 회계상에는 2년에 걸쳐 감가상각하게 되어 있다. 마찬가지로 '치구 비용'도 2년에 걸쳐 상각한다.

금형의 실제 평균 수명은 4년이므로, 2년이 아니라 4년에 걸쳐 계산하는 것이 맞지만, 기업 회계상에서 2년 차까지는 금형과 치구 비용이 포함되어 원가가 실제보다 높아진다. 반대로 3년 차가 되면 금형과 치구 비용이 기업 회계상에서 한 번에 제로가 된다. 아무 일도 하지 않았는데, '원가가 절감된 것'처럼 보이는 것이다. 때마침 한창 원가 절감을 추진하던 중이었다면, '절감 효과가 나타났다!'라고 착각하여 잘못된 판단으로 연결될 수 있다.

그래서 원가 관리를 위한 원가 계산에서는 '4년간 평균적으로 감가상각해서 부담한다'라고 생각하여 처리한다. 만약 실제 모델 수명이 1년밖에 안 된다면 1년 이내에 처리한다. 이렇게 하면 실정에 맞는 '정확한 원가'를 계산할 수 있다.

설계 · 개발 비용도 마찬가지다. 일본은 설계 · 개발 비용을 우대하여 비록 100억 엔, 1,000억 엔이 들었더라도 기업 회계상은 1년 이내에 상각할 수 있다. 그러나 이것도 모델 수명이 4년이라면, 4년에 걸쳐 평균적으로 감가상각을 한다물론 기업 회계상으로는 1년 차에 처리한다.

이처럼 처리 방법, 계산 방법이 달라지기 때문에 기업 회계상의 원가 계산 수치와는 다르다. 이러한 원가 지식에 대해서는 모든 직원이 이해할 필요가 있다.

원가 절감 시스템을 구축하는 것은 재경에서 할 일

도요타는 재경 부문이 크게 둘로 나뉘어 있고, 둘 중 한 곳은 현장에서 원가 관리를 담당하고 있다. 이러한 시스템을 실제로 다른 회사에 도입하려고 하면 여러 가지 갈등과 알력이 발생한다.

첫 번째로 재경이 거세게 반대한다. 이유는 간단하다. 쓸데없는 업무가 증가한다고 보기 때문이다. 그러나 회사 전체적으로는 충분히 가치가 있는 일이기 때문에 저자는 일반적인 기업 회계의 일을 절반으로 줄여서라도 상품별 원가 관리에 중점을 두어야 한다고 생각한다.

왜냐하면, 상품별로 원가를 계산하고 그것을 바탕으로 원가 절감 대책을 세운다면, 반년 내지는 1년 후에 이익을 창출할 수 있기 때문이다. 〈표 8〉과 같이 '원가 관리'는 미래 시점에서 회사에 이익을 가져온다.

그런데 현재 재경이 하는 재무 업무는 다음과 같이 반년 전이나 1년 전의 실적을 집계하는 것에 불과하다. '지난 반년 동안 적자였다', '지난 한 달 동안 500만 엔의 흑자였다'라는 결과를 보고하고 있다. 이것은 재무 회계라고 불리는 것으로, 모두 미래 이익에 공헌하는 정보를 얻지 못한다. 반년 전에 적자였다는 사실을

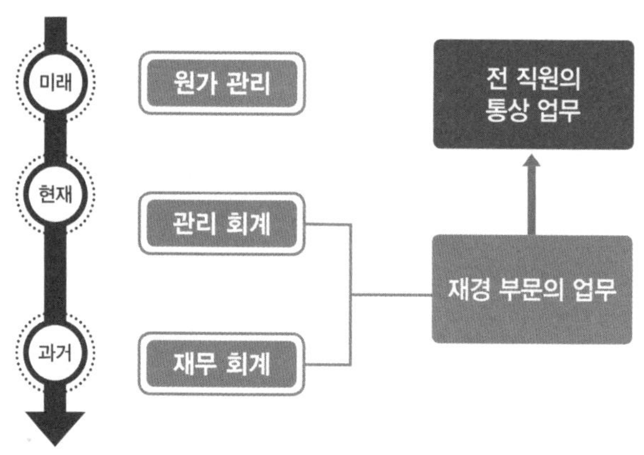

〈표 8〉 미래 이익을 창출하는 '원가 관리'의 이미지 사례

알고, 그 시점에서 '이익을 내도록 대책을 세워라!'라고 경영진이 지시를 내려도 이미 늦어 버렸다.

중요한 것은 '현재 원가는 어떤 구조이고, 이익을 내고 있는가?', '적자를 내고 있을 때 향후 어떤 대책을 세울 수 있는가?'라는 점을 항상 파악하고, 제대로 실행되지 않았을 때는 빠르게 대책을 세우는 것이다.

도요타는 신입사원이 재경 부문에 배치된 때부터 '각 현장에서 원가 절감 시스템을 구축하는 것도 재경의 일'이라고 교육받는다. 그러므로 도요타의 재경 부문에서는 위화감이 없지만, 도요타 이외의 회사는 좀처럼 이해하지 못한다.

원가 절감으로 이어지는 데이터는 공개

베트남에 진출한 재봉틀 회사로부터 '원가 절감에 협력하라고 직원들에게 아무리 이야기해도 어느 사람도 협력하지 않는다'라는 이야기를 들었다. 그래서 나에게 원가를 공개해보라고 제안했는데, 원가는 기밀사항이라며 거부당한 적이 있다. 물론, 재무 관련 데이터라면 차입금이나 미수금이 드러나 있거나, 인건비를 공개하면 타인의 연봉을 추측할 수 있는 등 부작용도 있을 것이다. 그러나 내가 궁금한 것은 원가 관리상의 '상품별 원가'이다.

자신이 하는 업무와 그 결과로 만들어진 상품의 원가 사이에 어떤 관계가 있는지, 어떤 아이디어를 내면 상품 원가가 낮아지는지를 전혀 알지 못하는 상황에서 원가 절감을 하라고만 하면 무엇을 어떻게 해야 하는지 모른다. 상품별 원가는 원가 절감을 위한 필수 정보이므로 직원들이 원가와 자기 업무의 관련성을 이해한 후에 반드시 공개했으면 한다.

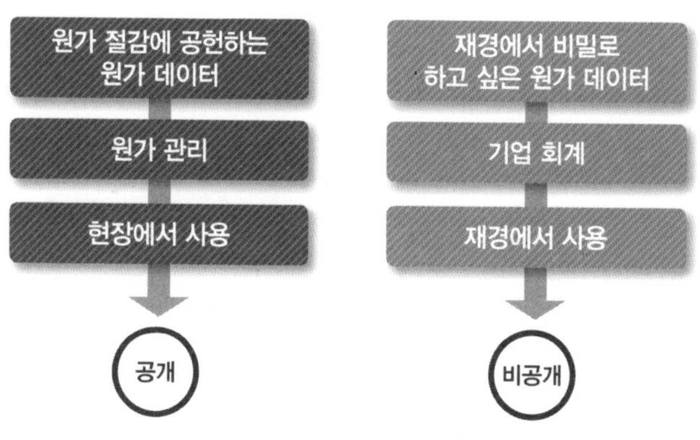

〈표 9〉 기업 회계상과 원가 관리상의 원가 데이터 차이점

05
원가의 종류는 어떤 것이 있을까

●●● 주로 4가지의 원가를 목적별로 구분하여 사용한다

기업 회계의 원가 계산 방법은 하나밖에 없다. 이는 법인세를 정확히 내기 위한 원가 계산이다. 한편, 현장의 원가 계산은 하나만이 아니다. 이쪽에서 원가를 계산하면 1,000엔, 저쪽에서 원가를 계산하면 800엔이 되는 것처럼 같은 원가라고 해도 업무의 종류와 사용 방식에 따라 계산 방법이 다양하다. 이것이 바로 '현장에서 필요한 원가'의 모습이다. 그런데도 많은 기업에서는 그것을 구분해서 사용하는 경우가 거의 없다.

여기에서 원가를 계산하는 모든 방법을 소개할 수는 없지만, 대표적인 4가지 원가 계산에 대한 개념과 사용법을 살펴보자.

'원가 관리를 위한 원가'를 구하기 위해서는 ① 경제성 검토, ② 내재화 혹은 외주화 검토, ③ 손익분기점, ④ 차액 원가 · 절대 원가의 4가지 원가 계산 방법이 있다.

지금부터 순서대로 하나씩 살펴보자.

06
원가 계산 | 경제성 검토

●●● 대안별로 손익을 계산해본다

먼저 '경제성 검토'란, 간단하게 말해 손익 계산이다. 예를 들어, 1억 엔의 자금을 운용하는 수단으로 '은행에 맡긴다', '채권을 산다', '보험에 가입한다'라는 3가지 대안이 있다고 가정하자. 과연 어떤 대안을 선택하는 것이 회사에 가장 이득이 될지를 계산할 때 사용하는 방법이 바로 '경제성 검토'이다.

	종 류	내 용	관리에서 사용상 유의점
① **경제성 검토** 의사결정에 따라 원가 변동	**변동비**	· 의사결정에 따라 변동하는 비용	· 경제성 검토(손익 계산)로 나누는 방법 · 장기로 볼지, 단기로 볼지 생각할 필요가 있음(기존 설비도 장기로 보면 갱신됨)
	고정비 (매몰 원가)	· 의사결정에 따라 변동하지 않는 비용 (기존 설비의 상각도)	
② **내재화 / 외주화 검토** 원가의 근원이 되는 조건의 차이	**실적 원가**	· 가격, 사용량, 생산 개수당 실적을 바탕으로 계산한 원가	· 용도에 따라 구분하여 사용할 필요가 있음 예) 실적 원가 속에는 해당 기간에 특별히 발생한 비용이 포함되는 경우가 있음
	표준 원가	· 표준 생산 조건을 전제로 한 원가	
	예상 원가	· 향후 가격, 사용량, 생산 개수 등의 예상을 바탕으로 계산한 원가	
③ **손익분기점** 생산량에 의한 원가 변동	**변동비**	· 생산량에 따라 발생비의 총액이 변동	· 반드시 비용 항목으로 결정되지 않음
	고정비	· 생산량에 따라 발생비의 총액이 불변	
④ **차액 원가 / 절대 원가** 대상으로 하는 원가의 범위	**차액 원가**	· 각종 대체 방안에 따라 변화하는 원가 · 변경 부분만의 원가	· 차액 원가는 효율성과 필요한 것 이외의 원가 변동 요소를 제외할 수 있음
	전체 원가 **절대 원가** (모든 비용)	· 모든 비용을 합친 원가	

〈표 10〉 원가를 구하는 4가지 원가 계산 방식

일반적인 원가 계산으로 하면 결론이 다를 수 있다

예를 들어, 안경테를 설계한다고 하자. 소재는 플라스틱, 알루미늄, 티타늄 등을 생각할 수 있다. 플라스틱과 알루미늄을 안경테 소재 후보로 선택하고, 두 가지 소재에 따른 성능 차이는 없다고 가정했을 때, 회사는 '원가가 싼 것을 선택한다'라고 단순화한다. 아울러 이 안경 제조 회사에는 이미 알루미늄 테 제조 설비 및 공정이 있다.

일반적인 원가 계산에 의하면 재료비뿐만 아니라 설비의 감가상각도 포함하여 '알루미늄으로 만들면 1,000엔, 플라스틱으로 만들면 800엔'으로 계산한다. 이렇게 되면 플라스틱 쪽이 800엔으로 싸다고 생각하게 된다. 그러나 경제성 검토에 따르면 다르다. 이 회사에는 이미 알루미늄 제조 설비와 공정이 있으므로 알루미늄의 설비 감가상각비는 제로다. 그에 반해 플라스틱테는 설비가 없으므로 전용 기계를 도입해야 한다.

그래서 알루미늄 설비를 제로로 놓고 다시 계산하면 500엔이 나온다는 것을 알 수 있고, 그렇게 되면 알루미늄으로 제조하는 편이 더 저렴하다는 결론이 나온다. 기존 설비가 있기 때문에 당연한 결과이다.

하지만 일반적인 원가 계산은 설비 비용도 계산에 포함해 비교하기 때문에 재경에서 '원가는 하나밖에 없다'라고 믿는다면 잘못된 결론이 나올 수도 있다.

07
원가 계산 | 내재화 혹은 외주화 검토

●●● 내재화로 할지, 외주화로 할지 검토할 때 활용한다

다음으로 '내재화 혹은 외주화 검토'이다. 대다수 기업은 일정 부분의 업무를 외주로 처리한다. 해당 부품을 만드는 기술이 없거나 습득할 시간이 없는 경우도 있지만, 외주로 하는 대부분 이유는 내재화하는 것보다도 외주로 하는 편이 싸기 때문이다.

부품을 내재화하면 100엔이 드는데 외주에서는 80엔의 견적을 받은 경우, 대부분 기업은 외주로 하려고 한다. 내재화 비용 100엔의 내용을 분석해보면 감가

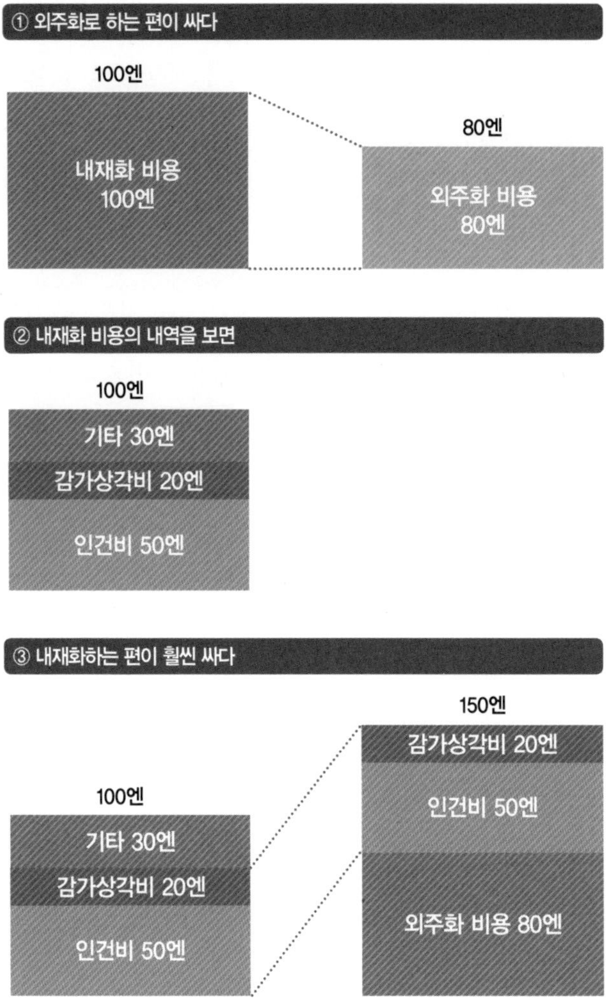

① 외주화로 하는 편이 싸다

내재화 비용	외주화 비용
100엔	80엔

② 내재화 비용의 내역을 보면

100엔
기타 30엔
감가상각비 20엔
인건비 50엔

③ 내재화하는 편이 훨씬 싸다

100엔	150엔
기타 30엔	감가상각비 20엔
감가상각비 20엔	인건비 50엔
인건비 50엔	외주화 비용 80엔

〈표 11〉 내재화 혹은 외주화 검토(내재화 비용을 정밀 조사한 사례)

상각비, 인건비 등이 포함되어 있다.

이것이 문제다. 만약 내재화 비용 100엔 안에 감가상각비가 20엔, 인건비가 50엔이 포함된 경우, 그 작업을 외주로 한다고 해서 감가상각비 20엔, 인건비 50엔이 절감되는 것은 아니다.

다시 말해서, 그 부품에 드는 진짜 외주 비용은 '20엔+50엔+80엔=150엔'이다. 그래서 내재화 비용 100엔과 비교할 외주 비용은 80엔이 아니라 150엔이다.

이를 '내재화 혹은 외주화 검토'라고 하며, 도요타에서는 내재화로 할지 외주화로 할지를 선택할 때, 이 '내재화 혹은 외주화 검토'의 원가 계산을 사용한다. 이렇게 하면 내재화 쪽이 훨씬 이득일 때가 많다.

그런데도, 재경은 일반적인 원가 계산을 통해 '외주화로 하는 편이 싸다'라는 결론을 내리기 쉽다. 앞서 언급한 것처럼 '원가는 하나밖에 없다'라는 '원가에 대한 고정관념' 때문인지 타사는 좀처럼 이해하지 못한다.

실제로 원가는 보는 방향, 각도에 따라 바뀐다는 원가의 본질을 이해할 필요가 있다.

08
원가 계산 | 손익분기점

●●● 가격 할인 가능 범위를 알고자 할 때 사용한다

세 번째 원가 계산 방법으로 '생산량에 따른 원가 변동'을 소개한다.

일반적으로 차량 한 대당 원가는 생산 대수에 따라 달라진다. 흔히 생산 대수가 늘어나면 늘어날수록 고정비가 상대적으로 작아지고, 한계 이익이 달라지는 것으로 알려져 있다. 즉, 이 원가 계산은 '손익분기점'을 뜻한다.

손익분기점이라고 하면 문자 그대로 '손익이 분기

하는 지점'이라고 이해하기 쉬운데, 원래는 '불황에 대한 강도 · 저항력'을 보는 지표로 사용하는 것이다. 손익분기점이 높으면 조업도가 조금이라도 떨어질 때 적자로 전락할 위험이 있다. 반대로, 손익분기점이 낮으면 불황에도 버텨낼 수 있다. 이처럼 손익분기점을 통해 불황에 대한 강도 및 저항력의 정도를 파악할 수 있다.

가격 할인과 인센티브 지급을 검토할 때 편리

도요타는 가격 할인 대응 및 인센티브 지급 검토 시에 원가 계산을 활용하고 있다. 매출이 부진한 자동차를 대리점에 출하할 때, 손익분기점을 보면서 '도매가는 대당 100만 엔이지만, 20만 엔의 인센티브를 지급할 테니 적극적으로 판매해 달라'라고 대리점에 의뢰하는 경우가 있다.

이때 '20만 엔의 인센티브를 줄 수 있다지급해도 이익이 발생한다'는 근거는 손익분기점 계산에서 나온 것이다. 마찬가지로 가격 할인 폭도 정확히 결정하지 못하면 적자를 크게 내게 된다.

인센티브 지급 및 가격 할인 폭의 한계를 손익분기원가 계산을 통해 도출한다. 실제로는 개별 딜러나 대리점이 아니라 판매 본부에서 지시를 내리기 위해 사용하고 있다.

09

원가 계산 | 차액 원가 · 절대 원가

●●● 원가 절감 목적에 따라 두 가지로 구분해서 사용한다

네 번째로 차액 원가와 절대 원가가 무엇인지 알아보자.

예를 들어, 부문 A에서 사용 중인 소재를 변경하자 원가가 100엔에서 97엔으로 3엔이 내렸다고 하자. 마찬가지로 부문 B에서도 소재를 바꾸자 5엔이 낮아졌다. 이처럼 '기존보다 3엔 내렸다, 5엔 내렸다' 하는 것이 '차액 원가'다. 차액 원가를 합하면 총 8엔이 내려갔다. 그런데 실제로는 8엔이 아니라 6엔밖에 내려가지

않았다는 결과가 나오는 경우가 많다. 이 6엔이 '절대 원가'이다.

과거 도요타도 이 차액 원가를 적용하여 실패한 경험이 있다.

설계 부문이 최초 단계에서 각각 2엔과 7엔의 원가를 절감해 총 9엔을 절감했다고 했지만, 실제 양산 단계에 접어들자 원가 절감 규모가 상정한 9엔이 아니라 6엔에 불과한 경우가 많았다.

왜 계산대로 원가가 낮아지지 않았던 것일까?

해당 부문에서 재료비를 절감한 것은 사실이지만, 다른 부서에서는 기존 소재에서 새로운 소재로 교체했기 때문에 여러 가지 문제가 생겼다. 소재 안정에 문제가 발생하여 소재를 조금 깎아 내거나 덧붙이는 등의 추가 대응을 하게 되어 그만큼 비용이 증가한 것이다.

자동차 제조는 여러 공정이 복잡하게 얽혀 있어서 원가는 부문 간에 손이 닿지 않는 곳에서 상승하는 성질을 갖고 있다.

저쪽을 세우면 이쪽이 무너지는 것처럼 부문 간 반비

례 관계가 있어 각 부서에서는 원가 절감에 성공했다차액 원가고 해도 실제로 전체에서 얼마나 원가가 절감되었는지를 절대 원가를 통해 알아볼 필요가 있다.

그렇다고 차액 원가가 전혀 의미 없는 것은 아니다. 신속하게 원가를 계산하고 싶을 때는 차액 원가가 매우 유용하기 때문이다. 그래서 차액 원가는 간편한 수단으로 사용하고, 종합적으로는 절대 원가를 사용하는 등 목적에 따라 구분하여 사용하는 것이 중요하다.

중요한 의사결정에 꼭 필요한 원가 계산

'어느 쪽이 유리한가'를 증명해야 한다. 그런 경우에는 통상기업 회계의 원가 계산이 아니라 손익 계산의 ① 경제성 검토로 원가를 비교한다.

경제성 검토로 경쟁력을 증명하지 못하면 그 품의서는 통과되지 못한다. 그러므로 도요타의 전 직원은 원가 계산을 모두 익히고 목적별로 구분해 사용해야 일을 진행할 수 있다. 참고로 금융기관이나 보험회사에서도 투자처에 대해 손익 추정을 경제성 검토로 하고 있다.

다음으로 대리점에서 가격 할인을 얼마나 할지, 인센티브를 얼마나 줄 수 있을지 등을 검토할 때는 ③손익분기점으로 원가 계산을 하지 않으면 중요한 의사결정을 할 수 없다. 이것은 유통업계 등도 마찬가지로 원가 계산에 대한 지식은 제조업에서만 필요한 것이 아니다.

도요타에서는 설계 · 개발, 생산 기술, 설비, 기획, 공장 현장은 물론이며, 구매 부문까지도 협력업체에서 부품 구매를 할 때 '목적에 따른 원가'를 각자 스스로 계산하고 있다. 이런 것들이 조금씩 축적되어 도요타 직원은 원가 계산에 매우 밝아진다.

<table>
<tr><th colspan="4">비 용</th><th>분류 개념</th><th>예 시</th></tr>
<tr><td rowspan="9">제조 원가</td><td rowspan="4">직접 재료비</td><td colspan="2">소재비</td><td>가공을 수반하는 재료에서 제품 1개당 사용량을 개별적으로 파악할 수 있는 것</td><td>강판, 봉강, 도료 등</td></tr>
<tr><td colspan="2">구매부품비</td><td>외부에서 조달하는 부품 유닛</td><td>타이어, 라디오 등</td></tr>
<tr><td colspan="2">ASSY 구매비</td><td>ASSY 제조사의 재료비, 가공비 등</td><td>모듈(부품 집합체)</td></tr>
<tr><td colspan="2">불량비 · 처분비</td><td>실제 원가에 대한 보정비</td><td>소재 불량, 가공 불량, 고철 등의 잔존 가치</td></tr>
<tr><td rowspan="5">가공비</td><td>노무비</td><td rowspan="3">제조 부문의 비용</td><td>인건비</td><td>임금, 상여금 등</td></tr>
<tr><td>감가상각비</td><td>설비 · 건물 등</td><td>상각비</td></tr>
<tr><td>간접 재료비 · 공구특정경비</td><td>가공하는데 직 · 간접적으로 필요한 비용으로 제품 1개당 사용량을 개별적으로 파악하기 어려운 것</td><td>보조 재료비, 보전비, 용역비, 소모성 공구비 등</td></tr>
<tr><td colspan="2">보조 부문비</td><td>생산 시 보조적 역할을 담당하는 부문에서 사용하는 비용</td><td>생산 기술 · 생산 관리 · 공무 비용</td></tr>
<tr><td colspan="2">시험 연구비</td><td>연구 개발 부문에서 사용 하는 비용</td><td>기술부에서 사용하는 비용</td></tr>
</table>

〈표 12〉 원가 절감 대상과 실시 부문

10
어떻게 타사의 원가까지 추정할 수 있는가

●●● 경쟁사 차량을 분해하여 부품 원가를 분석한다

지금까지 원가 계산의 주요 방법에 대해 살펴보았다.

이번에는 도요타가 정확한 원가를 파악하기 위해 실시하고 있는 ①타사 제품의 원가를 추정하는 방법과 ② 외주 부품 주문 시 정밀 조사를 소개하겠다.

우선 ①은 경쟁사 원가 추정인데, 도요타에서는 자동차를 부품 단계까지 낱낱이 분해하여 해당 부품의 가격과 성능, 제조 공정까지 파악해서 각각의 원가를 추정하고 있다. 이를 자동차 분해 분석 즉, '테어다운

Tear down'이라고 한다.

②는 부품을 외주하는 경우 반드시 견적서원가 명세서를 제출받아 해당 부품의 원가를 구매 담당자가 직접 심사하여 결정한다.

소재는 물론 공정과 공법까지 파악

우선 자동차 분해 분석인 테어다운 방법에 관해 알아보자.

예를 들어, GM에서 새로운 자동차를 출시할 경우, 도요타는 최소 두 대를 구매한다. 한 대는 완성 차로 다양한 테스트에 사용한다. 그리고 나머지 한 대는 낱낱이 분해하여 어떤 부품을 사용하는지 조사하고 검토하여 데이터베이스를 만든다.

또한, 닛산이나 혼다 등 일본산 자동차를 구매하여 분해했을 때, 어떤 새로운 부품이 나왔다고 하자. 그러면 그 부품은 어떤 소재이며, 어떤 공정과 공법으로 만들어졌는지, 성능은 어떤지, 원가는 얼마인지, 도요타의 현재 부품과 비교해서 비싼 것인지 싼 것인지를 계산한다. 그리고 도요타보다 낮은 가격이라는 사실을 알게 되면 도요타도 이를 연구 개발하여 도입한다.

이처럼 경쟁사 자동차를 해체하여 경쟁사는 어느 부품을 어떻게 연구 개발하여 얼마나 원가 절감을 했는지 점검하는 과정을 통해 경쟁사의 부품까지 정밀하게 조사하는 것이다.

왜 부품 가격과 설비, 공정까지 계산하는가

그런데 어떻게 '이 부품이 도요타보다 원가가 5엔 정도 저렴하다'라고 판단할 수 있는지 궁금할 것이다. 그것은 도요타 내재화 부품과 비교하기 때문에 가능한 일이다.

예를 들어, 엔진 구성 부품 중 어떤 것이 도요타보다 저렴하다고 판단하는 기준 중 하나는 '구성 부품의 수'다. 도요타에서는 그 부품ASSY, 유닛이 일반적인 것보다 적은 10개의 파트로 이루어져 있지만, 어떤 제조사에서 5개의 파트로 같은 기능을 담당할 수 있게 만들었을 때, 부품 수를 바탕으로 대략의 원가를 추정할 수 있다.

그 외에도 어떤 설비를 사용해서 이 부품을 만들었는지, 몇 가지 공정을 거쳐 만든 부품인지까지 추정한다. 도요타에서는 4단계의 공정을 거쳐 제조하고 있는 부품이 타사에서는 3단계 만에 완성되었다면 연구할 필요가 있다고 판단한다.

도요타는 타사가 앞서는 부품이나 제조 방법도 많아서 항상 지식과 경험, 노하우를 습득하려고 노력한다. 뒤처진 부분이 조금이라도 있다면 개선해서 따라잡는다. 이 정신이 사라지면 우물 안 개구리가 된다.

당연히 전 세계 수많은 자동차업체도 같은 일을 하고 있다. 그러나 도요타만큼 원가를 정확히 조사하고 있지는 않을 것이다.

정확하게 원가를 추정하는 방법

'왜 그렇게 단언할 수 있는가'라고 묻는다면 타사는 도요타만큼 원가를 상세하게 계산하고 있지 않기 때문이다. 타사 현장에서는 도요타처럼 평소에 연필 1개, 수건 1장, 케이블타이와 종이컵 등 모든 소모품을 '가격

×사용량'으로 계산하여 원가 관리를 하고 있지 않다.

이것은 하루하루 쌓인 축적이다. 평소 상품별 원가를 계산하는 훈련이 되어 있지 않으면, 마지막에는 어느 쪽의 원가가 높은지 판단할 수 없게 되므로 여기에서 큰 차이가 나게 된다.

저자도 도요타에 있었을 때는 자동차를 분해하여 부품별 원가를 추정했다. 재직 당시 원가를 추정할 수 있는 것이 당연하다고 생각했었는데, 컨설턴트로 활동을 시작하면서 많은 기업이 그렇지 못하다는 사실을 알게 되었다.

또한, 도요타에는 자동차를 분해하는 팀이 있고, 차량을 전문으로 평가하는 팀도 있다. 이를 위해 낱낱이 분해한 부품을 전시하는 룸도 있다. 테어다운은 기술 부문뿐만 아니라 구매 부문에서도 실시하고 있으며, 도요타 직원들은 매일 원가를 추정하는 능력을 연마하고 있다.

11
어떻게 협력 업체의 원가까지 추정할 수 있는가

●●● '원가 명세서'를 바탕으로 기술력을 파악한다

도요타는 부품의 70%를 외주화로 하고, 내재화는 30%에 불과하다.

외주 부품의 비율이 높다는 점은 완성 차의 원가를 억제하기 위해 부품별로 가격 교섭을 해야 할 필요가 있다는 뜻이다.

그래서 도요타에서는 외주 부품의 원가를 파악하기 위해 구매처로부터 '원가 명세서'를 제출받아 이를 바탕으로 원가를 추정한다. 원가 명세서에는 설비 상각비,

재료비, 소재의 수율 등까지 포함하여 받기 때문에 이 명세서를 보면 상대방의 기술력까지 파악할 수 있다.

'원가 명세서'를 제출받아 신뢰 관계를 강화

한편, 저자가 컨설팅했던 Y사는 수익이 매우 나빠 힘든 상황이었다. 조사해보니, 외주가 80%를 넘는 데다가 주요 협력업체인 P사의 부품 단가가 시세보다 상당히 비싼 것 같았다.

그래서 'P사로부터 원가 명세서를 받아 상대 회사의 부품 단가가 타당한지를 조사해 보자'고 제안했다가 '그런 것을 요구하면 향후 거래를 끊을 수도 있다'라며 완강하게 거부당한 적이 있다.

주문자 측에서 협력업체에 부당하게 가격 인하를 요구하는 일은 있지만, 협력업체로부터 거래를 거부당할까 걱정하는 것은 힘의 균형이 무너졌기 때문이었다.

적어도 저자가 경험한 바에 따르면 원가 명세서를 제출하라고 요구하여 거래가 정지된 경우는 없었고, 오히려 60% 정도는 아무 불평 없이 원가 명세서를 보내면서 검토해 달라고 했기 때문에 걱정할 필요는 없었다.

Y사의 사장을 간신히 설득하여 P사와 부품가격 인하 협상을 하기로 했다. 그 자리에서 저자가 '이 부품은 가격이 상당히 비싼 듯하다. 혹시 이 부품은 이런 방법으로 만들기 때문에 원가가 비싼 것은 아닌가. 그렇다면 이 두 가지 포인트를 재검토하면 원가 절감이 가능할 것이다'라고 자료를 첨부하여 제안해보았다.

그러자 P사에서 뜻밖의 반응을 보였다.

'그런 생각은 해본 적도 없다. 제안한 대로 이 부품의 도면을 이렇게 수정하면 원가를 더욱 낮출 수 있을지도 모르겠다. 검토해보겠다.'라고 긍정적인 반응을 보인 것이다.

결과적으로 부품 단가를 대폭 인하하는 데 성공했고, P사와의 신뢰 관계도 높일 수 있었다.

P사의 높은 부품 단가가 원인이 되어 Y사가 도산이라도 하면, P사도 거래처가 없어져 큰 타격을 받게 될 것이 틀림없다.

시장 가격을 아는 자가 협력업체를 주도

〈표 13〉과 같은 원가 명세서를 제출받아 원가를 계산하고 가격 인하 교섭을 하면, 협력업체를 괴롭히거나 부당하게 가격 인하를 요구하는 것처럼 보일지도 모른다. 그러나 이것은 자사와 협력업체가 치열한 경쟁 시장에서 함께 살아남기 위한 합동 작전이다.

앞에서 말한 대로, 자동차를 시장에 출시할 때는 해당 차 등급별로 시장 가격판매 가격이 있어서 그 시장 가격으로 판매하지 않으면 소비자가 수용하지 않는다. 즉, 해당 시장 가격으로 이익을 낼 만한 원가의 제품을 만들지 못하면 상품이 되지 않는다는 뜻이다.

시장에 출시하는 최종 상품은 누가 만드는가? 자동차 부문에서는 도요타와 같은 완성차 업체다. 협력업체가 최종 상품을 만들어 경쟁하는 것이 아니다. 비싼 가격의 외주 부품을 조합해 차량을 만들었더니 시장 가격보다 비싸서 팔리지 않으면 도요타뿐만 아니라, 협력업체까지도 타격을 입게 된다.

이런 의미에서 시장에서 경쟁하고 있는 도요타는

항목 견적 ※사정			
직접재료비	소 재 비	2.30	
	구매부품비		
	외주 가공비		
	유상 지급비		
	합 계 (A)	2.30	
가공비	직 접 공 임	1,200.00	
	간접 제조비		
	합 계 (B)	1,200.00	
제조 원가 (A) + (B)		1,202.30	
일반 관리 판매비 %			
총 원 가			
유상 지급 관리비 3%			
자급 소재 관리비 3%		0.07	
이 익 10%		120.00	
상각비	엔 / 개		
VE 효과 환원분			
총 계		1,322.37	
※제시 단가		1,300.00	
※제시 단가(상각비 제외)			
구(舊) 단가	결재자	심사자	기안자

〈표 13〉 견적 원가 계산서의 사례

협력업체를 타당한 원가로 판매하도록 유도할 의무가 있다고 생각한다. 이는 결코 사기나 억지가 아니다. 협력업체는 시장 가격을 모르기 때문에 도요타가 해야 할 일이다.

협력업체에서 제조한 부품을 '부당하게 가격 인하' 하는 것이 아니라 타사와 경쟁할 수 있는 만큼의 적정 가격으로 외주 부품을 구매해서 최종 상품차량이 적정한 금액으로 팔린다면 협력업체도, 도요타도 이익을 낼 수 있다.

부품 원가를 알 수 없을 때는 직접 공장을 만들어 조사

Y사의 사례는 남의 일이 아니다. 도요타도 외주 부품에 힘의 균형이 역전된 씁쓸한 경험이 있다.

덴소는 도요타에서 분리 독립한 부품 제조업체로 도요타의 주요 협력사 중 한 곳이다. 덴소는 높은 기술력을 가지고 있어 덴소에서만 만들 수 있는 부품이 많다. 그런 부품의 원가는 덴소만 알고 있다. 도요타의 구매 부문도 덴소가 제출한 견적서의 부품 단가가 적정한지 알지 못해 자신감을 잃고 있었다.

이렇게 되어 Y사와 마찬가지로 납품받지 못하면 곤란하다는 '힘 균형의 역전'이 일어났고, 가격 교섭을 해도 덴소는 강하게 나올 뿐만 아니라 원가 명세서도 제출하지 않았다.

이때 도요타는 어떻게 했을까?

'이 부품을 자사에서 내재화할 수 있을 만한 기술, 노하우가 없기 때문에 가격 교섭을 할 수 없다'라는 결론에 이르러 그 부품을 만들기 위한 전용 공장을 새롭게 만들었다. 그것이 현재 도요타 시에 있는 히로세 공장이다. 공장 설립 당시 해당 부품의 설계 부서도 새로 편성하여 내재화함으로써 제조 방법뿐만 아니라 원가도 분석하여 파악할 수 있게 되었다.

결과적으로 수천억 엔이 투자되었다.

원가를 추정할 수 없는 외주 부품에 불필요한 비용을 계속 발생시키는 것보다 차라리 자사에서 직접 원가를 분석하기 시작한 것인데, 해당 부품은 확실히 수천억 엔을 투자 할만한 가치가 있었다.

이 부품에 대해서는 일단 히로세 공장에서 설계 및 내재화하기로 하고, 일정한 성과를 낸 후에 자사에서 계산한 원가를 바탕으로 덴소에 합리적인 가격을 요구하여 납품가를 조정했다.

한때 '도요타는 왜 히로세 공장을 지었을까'라는 소문이 돌기도 했지만, 그 배경에는 '원가'와 '내재화 혹은 외주화'를 둘러싼 심각한 고민이 있었다.

제3장

설계·개발 조직 구성 방법

설계·개발

조직 구성 방법

01
최종 검사에서 불량을 없앨 수 있는가

●●● '자공정완결'로 불량품을 없앤다

최근 '자공정완결自工程完結, 불량제로●'이라는 단어를 자주 사용한다. 이것은 원래 공장 내에서 개발된 시스템을 스태프 부문과 같은 사무직군에도 적용한 것이다.

'자공정완결'이 도요타 공장에 20~30년 전에 도입되었다. 이런 '자공정완결'을 스태프 부문까지 전사적으로 도입한 것은 2007년으로, 도요타에서도 비교적 최

● 도요타는 현장의 불량을 없애기 위하여 과거에는 검사자가 검사 작업을 했지만, 지금은 작업자가 담당하는 공정에서 직접 품질 검사를 해서 검사 공정을 없앤 활동이다

근의 일이다. 예전에는 도요타 공장에 다양한 생산 공정이 있었고, 그 과정을 통해 자동차가 만들어지면 마지막으로 품질 검사를 해서 '합격품인지, 불량품인지'를 판단했다. 불량품으로 판단된 경우에는 보통 컴퓨터에 '불량 발생'이라고만 입력해서 처리한 후, 나중에 점검했던 것이다.

예를 들면, '1월 27일 (수) 14시 29분 35초에 불량이 발생했다'라고 입력한 후, 1주일 정도 지나면 품질 관리부 직원들이 모여서 '불량품의 원인을 찾자. 먼저 1월 27일 (수) 14시 29분 35초의 건인데…….'라며 대책을 세우려고 한다.

그러나 그때는 이미 불량품이 발생한 지 1주일이나 지난 시점이기 때문에 누가 어느 기계로 어떻게 만들었는지조차 모르는 경우가 많아서 대개는 불량의 원인을 알 수 없었다. 원인을 모르면 대책도 세우지 못하고, 대책을 세울 수 없으므로 불량품이 재발하는 악순환이 발생한다.

품질 관리학에서는 이런 상황을 다음과 같이 설명한다.

'불량품 데이터를 바탕으로 다양한 관점에서 생각해

보자. 품질 관리 방법을 사용하면 불량품의 원인도 찾을 수 있고, 대책도 세울 수 있다. 그러므로 품질 관리는 매우 중요하며 도움이 되는 방법이다. 모두 품질 관리를 공부하자'

불량을 격감시킨 '4M+1M'의 방법

품질 관리를 하면 원인을 파악할 수 있게 되고, 불량도 없어질까? 답은 '아니요'이다. 도요타에서도 수십 년 동안 품질 관리 방법을 이용하여 불량품을 근절하기 위해 노력했지만, 전혀 나아지지 않았다. 그래서 기존과 같이 '마지막에 검사한다'라는 품질 관리 방법을 버리게 되었다.

도요타는 각각의 공정 안에서 불량이 발생하는 이유는 다음의 네 가지 중 하나라고 생각했다.

① 재료에 문제가 있는가 – Material (소재)

② 기계에 문제가 있는가 – Machine (기계)

③ 작업 방법에 문제가 있는가 – Method (방법)

④ 작업자의 기능에 문제가 있는가 – Man (작업자)

그래서 도요타는 이것을 '4M'이라고 명명하고, 가공이 끝난 각각의 단계에서 검사하기로 했다.

⑤ 합격품인지 아닌지를 검사한다 – Measurement (검사)

'4M'에 검사 항목을 추가해서 '4M+1M 혹은 5M'이라고 불렀다.

각 공정 안에는 '소재M'와 '기계M'가 있고, '작업자M'가 기계를 조작하여 작업표준서와 매뉴얼에 따라 '특정한 방법M'으로 가공한다. 각각의 공정을 이렇게 '4개의 M생산'과 '1개의 M검사'으로 나누어 불량이 발생하지 않도록 개선했다.

기존 방식처럼 마지막 단계에서만 불량을 검사하는 것이 아니라 작업자가 작업을 마친 후 그 단계에서 직접 합격품 여부를 검사하기로 한 것이다. 어떤 단계에서 불량품이 발생했다면, 그것을 바로 발견할 수 있어 결과적으로 마지막 검사 공정 자체가 필요 없어진다.

'4M + 1M'의 효과는 경이적이었다.

'자공정완결'을 도입하기 전에는 불량률이 1만 분의 1 정도였는데, 도입 이후에는 100만 분의 5 내지는 10으로 줄었다. '자공정완결'은 이러한 불량품의 격감과 조기 발견의 효과 이외에 예상치 못한 효과도 가져왔다. 그것은 부서 간의 갈등을 해소한 것이다.

기존에는 불량품이 만들어진 상태에서 최종 검사 단계까지 갔고, 품질관리부가 불량을 발견하여 생산부에 이의를 제기했다. 생산부는 다른 부서로부터 '품질이 나쁘다, 똑바로 일해라'라는 지적을 받는 것이기 때문에 당연히 기분이 좋을 리가 없었다.

그렇게 되면 아무래도 부서 이기주의가 작용해서 마지막에는 '우리의 기술력이 떨어지는 것이 아니라 사용하고 있는 부품, 소재, 기계가 안 좋아서 불량이 발생한 것이다.'라는 말까지 나오기 시작한다. 도요타뿐만 아니라 어느 회사에서나 생산부와 품질관리부는 사이가 좋지 않은 것이 보통이다. 생산부가 자기변호를 하기 때문인데 이렇게 해서는 불량품도, 부서 간 갈등도 없어지지 않는다.

자공정완결로 불량이 발생하면 바로 대응

그러나 '자공정완결'의 경우는 다르다.

'자공정완결'이란 자신이 만든 제품을 그 자리에서 직접 검사하여 합격품인지 불량품인지를 판단하는 것이다. 자신이 직접 검사하기 때문에 불량이 발생했을 때의 책임은 모두 자신에게 있어 핑계를 댈 수 없다.

'아, 내가 작업한 공정에 문제가 있었구나, 4M에 근거했을 때 무엇이 문제였을까'라고 생각하면서 원인을 찾기 시작한다. 만약 불량의 원인이 기계라고 생각하면, 자신이 직접 기계를 수리한다.

작업자가 기계를 수리할 수 없는 경우도 있다. 그런 경우에는 도요타 생산시스템TPS 안에서도 잘 알려진 '안돈Andon, 각 공정과 정상 작동 여부를 보여주는 램프' 시스템을 이용해 층 전체에 알리고, 보전부와 생산관리부 직원을 불러 모아 라인을 정지시킨다. 라인을 멈추는 이유는 그 상태로 가동하면 불량품을 계속 생산하여 거기에 투입한 소재, 시간 등이 낭비되기 때문이다.

이때 기계를 수리하기 전까지는 라인에 소재를 투입

하지 않는다. 보전부나 생산관리부를 불러도 바로 해결하지 못하는 경우도 있다. 이런 경우에 근본적인 해결은 하지 못할지라도 잠정적인 대책은 세울 수 있다.

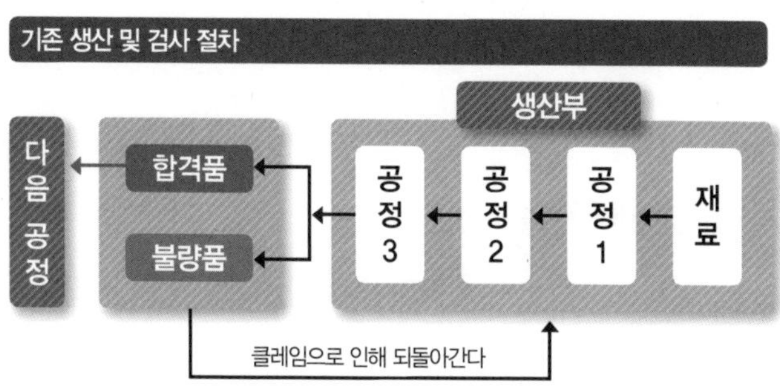

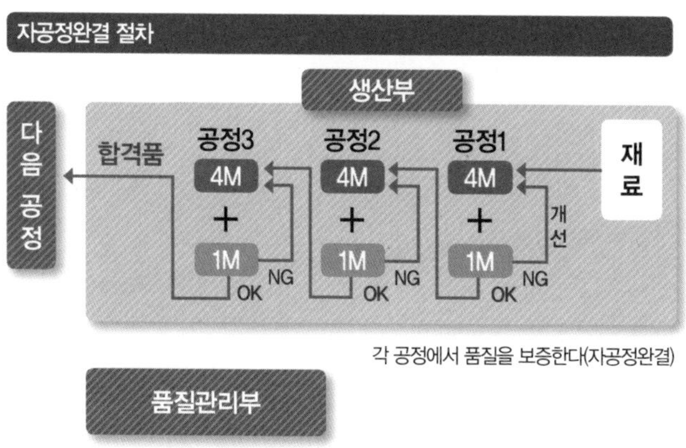

〈표 14〉 자공정완결의 추진 방식 사례

자체 점검으로 불량품을 줄인다

이렇게 자기 공정 내에서 생산 · 점검을 하므로 다음 공정에는 합격품만 넘기고, 불량품에 대한 대책도 1주일 후가 아니라 즉시 세울 수 있다. 이것을 '자공정완결'이라고 부르며, 모든 공정에서 '4M + 1M' 방법을 사용한다.

'4M + 1M'을 실천하면 품질관리부의 많은 일이 필요 없어진다. 그래서 품질관리부의 유휴 검사원은 생산부 등 다른 부서로 배치 전환할 수 있다.

즉, 불량률이 낮아지고 검사 인원도 줄일 수 있으므로 회사 전체의 생산성도 높아진다.

자공정완결이 가져온 '도요타 품질'이라는 자각

'자공정완결'의 도입은 계속해서 큰 효과를 냈다.

그것은 작업자들 사이에서 '도요타의 품질은 우리가 만들어내고 있다'라는 강한 자각에서 비롯된 것이다. '자공정완결'을 도입하기 전에는 '품질은 품질관리부, 생산부는 자동차를 조립하는 것이 일이다'라고 구분해서 생각하고 있었다. 실제로 '도요타의 품질'을 만들어 내는 곳은 생산부인데 말이다.

결과적으로 생산 현장의 직원들이 일에 보람을 느끼고, 의욕이 높아지면서 눈에 띄게 불량률이 감소했다. 높은 동기 부여가 품질 향상을 가져오고, 그 결과로 '원가 절감'을 가능하게 한 것이다. 이렇게 공장에서 '자공정완결'의 개념을 전면적으로 적용해 대성공을 거두었다.

여기서 중요한 것은 각각의 공정 안에서 가능한 한 품질을 완전하게 만들기 위해 분업한다는 것이다. 현재 도요타에서는 4M 방식을 더욱 세분화하여 '자공정완결'을 계속 개선해나가고 있다.

02
자공정완결은 어디까지 응용할 수 있는가

●●● 스태프 부문과 해외 공장으로 횡적 전개를 계속한다

'자공정완결'의 개념을 공장 부문에만 적용하는 것은 아까운 일이다. 그래서 스태프 부문이나 사무직군에도 확대하기로 했다.

도요타에서는 좋은 방법이 있을 때 그것을 타 부문에도 확대하는 것을 '횡적 전개'라고 부르는데, 가장 먼저 횡적 전개를 한 곳이 설계 등을 담당하는 스태프 부문이다. 앞에서 '사무직군에 대한 자공정완결의 도입은 회사 결정으로 2007년부터 시작되었다'라고 언급했는데, 사실 설계 부문은 공장과의 관련성을 고려하여 2007년 이전부터 시작되었다. 그렇다면 설계 부문의 어떤 프로세스에 '자공정완결'을 도입했을까?

설계자가 신규 모델 설계에 착수하는 경우, 원점에서 설계를 시작하는 것은 아니다. 표준적인 자동차 설계 방법이 있고, 자동차에 사용되는 소재 일람표도 확인한다. 당연히 원가 정보도 확인한다.

그래서 과거 모델의 설계도를 참조하면서 설계도를 작성할 때 필요한 체크 리스트를 다음과 같이 만들어 직접 '자공정완결'을 실시한다.

- 과거 모델의 설계자는 어떤 점을 고려하여 이 설계도를 만들었을까?
- 이번에 설계할 자동차의 기능과 성능, 품질을 고려했을 때 어떤 도면을 그리면 좋을까?
- 그럴 경우에 원가는 어떻게 될까?

이것이 설계 부문의 '자공정완결'의 시작이었다. 공장 부문에서 최초로 '자공정완결'을 완성했고, 이어서 설계 스태프 부문에 '자공정완결'을 적용했다. 나아가 사내 구매 부문에서도 '자공정완결'을 도입하며 확대해 나갔다.

이렇게 구매 부문까지 '자공정완결'이 도입되자 계열 부품사와 협력사에까지 횡적 전개하려는 움직임이 나타났고, 현재 도요타와 거래하는 계열 부품사나 협력사 대부분은 '자공정완결'을 도입하고 있다

'자공정완결'의 성과 발표회도 대대적으로 시작되었는데, 이 개념은 전 세계로 확대될 것으로 생각한다. 저자도 2007년부터 수많은 국가에 '자공정완결'의 개념을 널리 알리고, 그 보급에 힘쓰고 있다.

중국의 전자기기 회사에 '자공정완결'을 도입

중국의 전자기기 회사에 '자공정완결'을 도입한 사례를 소개하겠다. 반도체에는 '표면 실장 기술SMT, Surface Mount Technology'이라는 생산 공정이 있다. 표면 실장이란 전자기판 위에 여러 가지 전자부품인 소자를 조립하는 공정을 말하는 것으로, 해당 공정에서는 소자들이 정상적으로 작동하는지 검사한다. 예를 들어, 전자기판 공

정에서는 솔더 프린팅, 전자부품 조립 등 다수의 공정을 끝낸 후에 특성 검사, 외견 검사, 신뢰성 검사 등의 검사 공정이 있다.

그러므로 비록 불량이 발생한 전자기판을 발견하더라도 어떤 공정의 어떤 기계에서 불량이 발생했는지 알기 어려웠다. 저자의 눈에는 표면 실장 라인에서 5~10%의 높은 불량률이 발생하는 것으로 보였다.

그래서 이 전자기기 회사의 공장에도 '자공정완결'을 도입해보았다. 각 공정에서 자공정완결을 활용하여 자동 검사기로 프린트 폭, 높이, 부피 등을 점검하고, 그 상태를 피드백하자 이 공정의 불량률이 낮아졌다.

일본의 전자기기 업계에 비하면 아직 멀었지만, 그래도 중국의 전자기기 공장으로서는 최초로 '자공정완결'을 도입하여 불량률을 대폭 줄이기 시작했다. 이러한 '자공정완결' 방법은 계속해서 더욱 다양한 산업으로 확산하고 있다.

03
CE는 어떻게 선발되고, 어떤 일을 하는가

●●● 실적과 능력으로 선임되는 '상품 분야의 사장'

도요타는 경영층이 판매 부문에서 기안한 신규 모델의 '상품 기획'을 결재하면 그 총괄 책임자로 'CE'를 선출한다. 신차 개발에만 2~3년이 소요되고, 1,000억 엔 이상을 투자하기 때문에 회사는 인재를 선발하여 권한을 부여해야 한다.

'CE'는 '사장 → 이사 → 부장…….'으로 이루어지는 수직적 조직이 아니라 프로젝트별로 결정되는 수평적 조직의 리더로, 이른바 '해당 상품담당 차종의 사장'과 같은 존재이다. 담당 모델제품에 관한 전권이 부여되기 때문에 성능 · 품질 · 원가의 파악은 물론 일정 관리, 차량 개선 등을 위해 직속 부하 외에도 필요에 따라 각 부문의 부장 · 실장과 협의하여 담당 인원을 자유롭게 움직일 수 있는 권한을 가지고 있다.

또한, CE가 주재하는 '원가 기획 회의'는 최고 수준의 회의로 자리 잡고 있어 부사장급 이하 임원까지 참석하여 의사결정을 한다.

다른 많은 회사에도 수평적 조직이 존재하겠지만, 도요타는 수직형 조직의 장보다 수평형 프로젝트 장인 CE의 권한이 더 강하다는 인상을 준다. 도요타는 완전한 매트릭스형 조직이다.

CE에게는 리더십이 요구

실제 어떤 사람이 CE로 선임되는지 살펴보면 바디 설계, 새시 설계 등 엔지니어링 분야의 전문가이자 기술자로서 뛰어난 사람들이다. 그러나 해당 분야에서만 우수해서는 CE로서의 업무를 감당할 수 없다.

첫 번째로 인성이 필수 조건이다. 또한, 다양한 부서의 서로 다른 이견을 조율하고 이해시키는 능력이 있어야 한다. 그런 의미에서 리더십은 반드시 있어야 한다. CE로 실적을 올려서 이사가 되거나 부사장에 오른 사람도 있다.

이런 자질을 갖춘 것으로 보이는 후보자를 10명 정도 선발하여 일정 기간 CE의 스태프로 활동하게 한 후, 그중에서 CE를 발탁한다. 이사, 부사장 등이 평소 일하는 모습을 보고 추천하는 방식으로 CE를 결정하기도 한다.

04

CE는 어떻게 고객의 요구를 파악하는가

●●● 솔선수범하여 '시장의 의견'을 수렴한다

CE는 경영층과 직결된 신형 모델 개발의 최종 책임자이다. 과거에는 '주사도요타 에이지가 1952년에 도입'라고도 불렸으며 성능, 품질, 원가의 균형을 유지하면서 프로젝트를 추진했다.

그래서 제6장에서 말하는 '오베야 방식大部屋方式'●과 마찬가지로 여러 사람의 지혜를 모으는 방법 등을 구사하여 양산 단계까지 프로젝트를 이끌어가는 역할을 담

●공동으로 사용하는 큰 방이라는 뜻으로, 신차 개발 또는 현장 개선 시 관련 부문의 전원이 한 공간에 모여 투명한 정보 공유 및 즉석 토론을 통해 신속하게 과제를 해결하는 업무 방식

당하고 있다.

그렇다면 CE는 어떻게 새로운 자동차 개발에 착수할까?

우선 사내의 판매 부문에서 고객의 의견을 수렴하고 이를 바탕으로 '코롤라의 신형 모델을 만들면 좋겠다'라는 요구 사항을 '상품 기획'으로 제출하는 것은 앞서 말한 대로다. 판매 부문이 '상품 기획' 단계에서 고객의 의견을 완벽하게 수렴해준다면 좋겠지만, 그것은 신만이 할 수 있는 일이다.

도요타는 신형 모델 개발에 1,000억 엔 정도를 투자하고, 개발 기간은 '상품 기획'이 제출된 후 2~3년이 소요되기 때문에 가능한 한 고객의 의견을 다방면에 걸쳐 수집하고, 정밀 조사를 한다. 판매 부문의 '상품 기획'이 제출되면 먼저 외부 조사기관에 조사를 의뢰한다. 이 조사를 진행하는 데 드는 비용만 해도 수십억 엔, 많게는 수백억 엔까지 적지 않은 금액이 들어간다.

CE가 직접 인터뷰 조사를 실시

마지막에는 CE가 직접 자신의 눈과 귀로 고객의 요구를 확인하는 작업이 필요하다. CE는 자동차원가 포함에 대해 잘 알고 있으므로 고객에게 직접 물어보는 경우도 많다.

특히 운전 중 소음, 진동에 관한 것 등 전문적인 요구사항은 영업 직원이나 조사기관 전문가라도 끌어내기 어려운 질문이다.

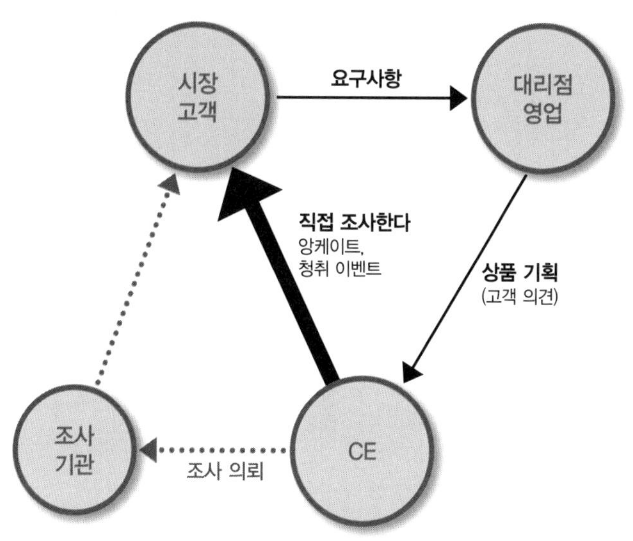

〈표 15〉 CE는 시장 요구를 직접 조사한다

조사에는 앙케트나 면담 방식을 주로 쓰는데, 다른 방법도 활용한다. 예를 들면, 도쿄에 위치한 하루미 부두 등에 자동차를 여러 대 세워 두고 음악을 틀어 놓은 후, 음악을 듣고 모여든 사람들신형 모델의 목표 고객에게 여러 가지 질문을 하기도 한다. 고객이 스스로 느끼지 못하는 요구도 CE라면 끌어낼 수 있다. 그밖에도 주부들만을 대상으로 하여 자동차에 대한 요구사항을 듣기도 한다.

최근에는 자동차 구매 시에 주부가 80% 이상의 결정권을 가지고 있다고 한다. 그래서 '뒷좌석에 있는 아이의 얼굴을 보면서 이야기할 수 있는 모니터가 설치되어 있으면 좋겠다' 등과 같은 생각하지도 못한 의견을 들을 수도 있기 때문이다.

05
부가가치에 중점을 둔 도요타의 강점

●●● 렉서스 개발에서 나타난 CE의 활약

도요타는 앞서 얘기한 대로 기본적으로 '원가 절감'을 통해 이익을 실현한다. 그러나 도요타도 때로는 '원가 절감'보다 '부가가치'를 높이는 방식으로 승부를 걸기도 한다.

그 예로 프리우스HEV, 미라이FCEV, 연료전지차 등을 들 수 있다. 가장 대표적인 사례는 바로 렉서스다. 이번 단락에서는 렉서스의 사례를 소개하면서 도요타의 또 다른 강점과 CE의 조사 방법의 일면을 살펴보겠다.

도요타는 1967년에 도요다 에이지가 사장에 취임하고, 다음 해인 1968년에는 이전까지 고전하던 미국 시장에서 코롤라로 시장을 석권하기 시작한다. 코롤라는 품질을 유지하면서 가격 경쟁력을 갖춘 균형이 매우 잘 잡힌 자동차로, 미국과 일본 시장에서 주목을 받았다.

그러나 1980년대에 접어들어서도 미국 시장에서 도요타의 평판은 '가격이 저렴해서 좋은 차, 즉 가성비 좋은 자동차'라는 이미지로, GM이나 포드에 비해 한 단계 아래의 브랜드라는 인식이 펴져 있었다.

그래서 도요타의 브랜드 이미지를 단숨에 높이기 위해 극비로 개발을 진행한 것이 렉서스였다. 렉서스는 원가를 낮추는 것이 아니라 부가가치를 높인 유형의 자동차다.

미국 시장에서 렉서스를 받아들이게 하려면 어떻게 해야 할까?

앞 단락에서 'CE도 시장 조사를 한다'라고 말했다. 렉서스를 미국 시장에서 성공시키려면 CE가 직접 미국 상류층의 가치관과 생활양식, 지위, 습관을 조사할 필요가 있었다.

당시 미국의 풍요로움이나 여유는 일본의 라이프스타일과는 전혀 달랐다. 그래서 시장 조사팀이 고급 주택을 일일이 방문해서 오랫동안 이야기를 듣거나 CE가 직접 몇 개월 동안 그들의 생활 속으로 들어가 '미국의 풍요로움'을 실제로 경험하며 그들이 요구하는 자동차에 대해 알아냈다고 한다. 이처럼 도요타에게 렉서스 개발은 코롤라, 캠리, 크라운과 같은 자동차의 개발과 차원이 달랐다.

렉서스 엔진 신화와 도요다 에이지의 선언문

도요타에는 렉서스 엔진 개발과 관련된 전설적인 이야기가 전해진다.

엔진은 진동이 매우 심한 장치인데, 경영층은 렉서스 엔진 개발 당시 CE에게 '엔진 위에 놓인 10엔짜리 동전이 시동을 건 후에도 떨어지지 않을 정도로 진동 수준을 억제해라'라고 요구했다. CE는 압도적인 마력과 차원이 다른 정숙성이라는 이율배반적인 난제를 차례로 해결해야 했다.

그래서 렉서스를 개발할 때에는 기존의 도요타 자동차와는 전혀 다른 발상으로 설계 · 개발에 착수했다. 그것이 결과적으로 도요타의 엔진 기술을 순식간에 향상시켜 기술자들도 빠르게 성장할 수 있도록 만들었다.

당시 도요다 에이지 사장이 '전 세계에 통용되는 초일류 자동차를 만들자'라는 선언문을 내고, 1989년에 철저한 준비를 통해 투입된 고급차가 바로 렉서스 LS400이었다. 이 차는 미국 시장에 큰 충격을 주며 도입되었다.

물론, 렉서스는 CE 한 명의 능력으로 완성된 것은 아니다. 그러나 수천 명의 개발 스태프, 400대 이상의 시작 차를 제작하는 등 전사적으로 중요한 사업을 이끈 것은 다름 아닌 CE였다.

도요타가 관철하는 자전주의의 비밀

이렇게 렉서스 개발은 기존의 도요타와는 완전히 다른 발상과 차원의 고급 차임에도 불구하고 모든 개발을 사내 인재가 담당했다. 이것이 도요타의 특징이기도 하다. 벤츠 등에서 인재를 데려오지도 않았으며, 모든 것을 도요타의 기술자들만으로 만들어냈다.

도요타는 이전부터 '자전주의自前主義'를 강조하여 모든 것을 자신들이 직접 만들어내려고 한다. 프리우스의 하이브리드 시스템 개발, 연료전지차 미라이의 주요 부분의 개발도 같은 발상으로 직접 자신들의 손으로 개발부터 생산까지 전개해보고, 자신들의 능력으로 개발 목표가 어느 정도 달성된 후에 비로소 아이신정기나 덴소 등의 협력사에 부품을 외주한다. 도요타는 중요 상품과 부품일수록 반드시 '자전주의'를 관철한다.

자전주의를 고수하는 이유는 첫째, 자신들이 직접 제조함으로써 제조 비용과 원가를 파악할 수 있기 때문이다. 둘째, 새로운 것에 도전하면 개발 중에 반드시 새로운 기술, 새로운 노하우가 필요하다. 그것이 결국 기업의 핵심 도구, 즉 열쇠가 되는 신기술이 되어 성장해 나가기 때문이다.

제4장

원가 기획

원가 기획

01
상품 기획부터 양산까지 프로세스는 어떻게 되는가

●●● '원가 절감'의 핵심은 '원가 기획'에 있다

제1장에서 3장까지는 도요타의 기본적인 가치관인 '부가가치가 있는 일을 목표로 한다', '원가 절감을 통해서만 이익을 창출할 수 있다', '공정을 개선한다스태프 부문을 포함하여 전사적으로 함'라는 것에 대해서 이야기를 했다.

이어서 제4장에서 제6장까지는 '원가 절감'에 관한 도요타의 구체적인 방법에 대해 알아본다. 특히, 이번 장에서 소개하는 '원가 기획'에 관한 부분은 '원가 절감'의 핵심이라고 할 수 있는 내용이다. 그런데도 지금까지 소개된 적은 거의 없었다.

그 이유는 이 시스템을 도입하기 매우 어렵다는 점과 도입했더라도 도요타처럼 철저하게 해낼 수 있는 기업이 거의 없다는 점 때문이다. 이 부분이야말로 도요타처럼 '원가 절감'을 철저하게 할 수 있을지를 판가름하는 분기점이 된다. 그래서 이번 장에서는 도요타가 이것을 어떻게 실행하고 있는지에 대해 간략하게 소개한다.

'상품 기획 → 원가 기획 → 원가 계획 → 양산'까지

그 전에 우선 제품 개발의 프로세스를 파악해두자. 도요타뿐만 아니라 어느 회사에서나 처음에는 기획을 한다. 어떤 상품을 출시할지, 고객은 어떤 성능과 품질을 원하는지를 알아보고, 이것을 고객과 가장 가까운 판매 부문에서 '상품 기획'이라는 형태로 제안한다.

이것이 모든 것의 시작이다. 물론 연료전지차와 같이 완전히 새로운 개념의 자동차는 CE가 기획하여 제안하기도 하지만, 대부분 상품 기획은 판매 부문에서 한다.

상품 기획이 승인되어도 실제로 그 자동차가 시장에

나오기까지는 2~3년의 세월이 소요된다. 그 사이에 회사는 기획 그 자체의 결론을 마무리한다. 일반적으로 어느 회사나 '제품의 내용'을 검토한다. 당연히 도요타에서도 요구되는 자동차의 성능과 품질 등을 검토한다. 이것이 앞서 말한 '제품 기획'이라 불리는 것이다. 그러나 도요타는 여기에 '원가 기획'이라는 가장 중요한 프로세스가 하나 더 있다. 이것이 바로 도요타를 '세계의 도요타'로 위상을 높인 비밀이다.

일반적으로 신제품 기획은 곧 제품 기획이다. 새로운 제품이나 상품이 어떤 것인지, 어떤 특징이 있는지, 성능이나 품질 등을 원가와 함께 중요하게 여긴다. 물론, 대부분 회사에서도 비슷한 검증 절차를 거칠 것이다.

그러나 도요타에서 검증하는 원가 절감 프로세스와 비교하면, 타사에서 검증에 이용하는 대부분 자료특히 원가는 사실 제품 기획의 부록에 지나지 않는다. 그 이유는 다음과 같다.

원가의 대부분이 원가 기획에서 결정되는 이유

도요타에서는 신제품 기획안이 제출됨과 동시에 '원가 기획 회의'를 시작한다. 그리고 가장 먼저 신제품의 성능과 품질을 실현하기 위한 '목표 원가'를 설정하고, 이것을 맞추기 위한 활동을 양산 직전까지 계속하면서 엄격한 점검 과정을 통해 '목표 원가'를 실현하려고 한다. 이것이 도요타에서 말하는 '원가 기획'이다.

'원가 기획'이란 넓은 의미에서는 양산 직전까지의 활동을 가리키지만, 저자는 편의상 클라이언트에게 '원가 기획'과 '원가 계획'의 두 가지 시기로 나누어 설명한다.

· 원가 기획

상품 기획이 승인된 후부터 부서별, 설계실별, 부품별로 총 원가를 할당하는 과정까지를 가리킨다. '상품의 목표, 원가 배분' 등 어떤 자동차를 만들지에 대한 이미지나 윤곽이 결정되는 가장 중요한 단계다.

· 원가 계획

원가 기획에서 할당된 개별 원가별로 각각의 부서, 설계, 부품 등이 정확히 그 원가 범위 내에서 작업을 진행하고 있는지를 확인하는 기간을 말한다. 성능, 품질, 원가를 모두 만족하는 설계를 한다. 원가 계획 단계에서 구체적인

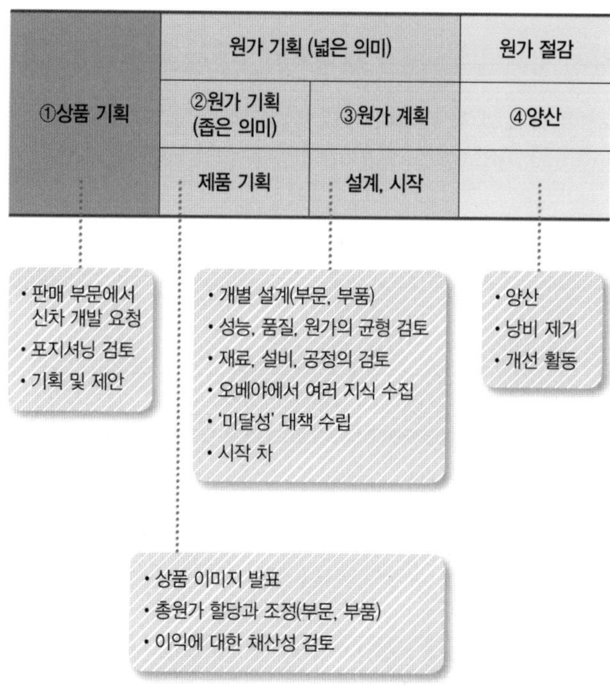

〈표 16〉 '상품 기획 → 원가 기획 → 원가 계획 → 양산' 과정 사례

제품의 형태가 정해지기 때문에 그것을 만들기 위한 소재, 설비, 공정 등도 순서대로 정해진다. 원가 계획이 시작되고 대략 1년 반 후에 양산 단계에 들어간다.

'원가 계획'에서 설명한 것처럼 상품을 만들기 위한 소재, 설비, 공정 등 제품 생산의 주요 요소가 이 단계에서 정해지기 때문에 원가의 대부분이 원가 기획과 원가 계획에서 결정된다는 것이다.

02
판매 부문에서 제안하는 상품 기획이란 무엇인가

●●● 프로젝트 개시를 위한 모든 요소를 명확하게

판매 부문이 설계 부문실제로는 CE에 '이런 상품을 만들어 달라, 개발해 달라' 하고 요청하는 것이 '상품 기획'이다. 신차가 실제로 양산에 들어가는 것은 상품 기획이 승인되고 2~3년 후의 일이다. 상품 기획을 바탕으로 담당 CE는 프로젝트를 출범시킨다.

판매 부문은 상품 기획을 제안하는 단계에서 고객의 요청은 물론, 판매 대수가 어느 정도일지, 어느 국가 및 지역에서 판매될지, 어떤 사양을 요구할지 등을 명확히 해야 한다. 이를 위해 시장 조사나 고객 조사를 직접 실시하거나 외부 조사기관에 의뢰하기도 한다.

예를 들어, 중국 시장의 경우 도요타의 어떤 차종이 중국의 어떤 고객층에게 인기가 있으며 잘 팔리는지, 엔진이나 내장에 대한 요구사항은 무엇인지 등을 조사하는 데만 수십억 엔을 들이기도 한다.

포지셔닝을 통해 경쟁 제품과의 위치를 확인

〈표 17〉은 '포지셔닝positioning'이라 불리는 것으로, 자동차 시장 내 경쟁 관계를 표현한다. 세로축이 판매 가격, 가로축이 차체와 배기량의 크기이고, 원의 크기가 판매량을 나타낸다.

상품 기획을 제출하기 전에 포지셔닝을 통해 시장성, 경쟁 차종과 관계 등을 판매 부문 중심으로 확인하고, 설명하는 데에도 이용한다.

중국 시장을 목표로 할 경우 경쟁사의 차종은 무엇이고, 그 차종과 어떤 가격대로 경쟁할 것이며, 배기량은 어느 정도로 할 것인지, 어떤 사양이 좋은지를 생각한

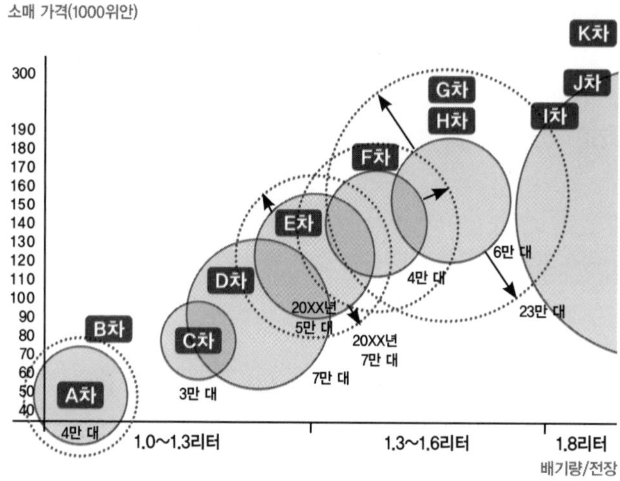

〈표 17〉 신형 모델의 포지셔닝 사례

다. 대중적인 차 시장은 경쟁이 치열하기 때문에 판매 가격시장 가격은 이미 결정되어 있으며, 그 시장 가격 이하로 판매해도 이익을 낼 수 있도록 원가를 설정해야 한다.

그 원가로 제품을 만들 수 있는지, 채산성이 맞는지 등을 CE를 중심으로 다음의 '원가 기획 회의'에서 검토해서 '원가 계획'으로 연결한다.

03

제품 기획이 있는데도 왜 원가 기획이 필요한가

●●● 제품 기획을 지탱하는 것이 원가 기획의 역할

포지셔닝 등의 조사를 마친 후 판매 부문이 상품 기획을 승인하는데, CE는 사전에 그 기획안을 검토하여 자기 생각을 정리한다. 이 단계에서 CE가 관련 부서와 협업하면서 진행하는 것이 '제품 기획'과 '원가 기획'이다. 이것은 이번 장의 서두에서 말한 바와 같다.

· 제품 기획

새로운 제품을 성능, 설계, 기술적 측면에서 검토한다.

· 원가 기획

제품 기획을 바탕으로 새로운 제품으로 얼마나 이익을 낼 수 있을지를 원가 측면에서 재검토한다.

대부분 회사에서는 이 두 가지 기획 중 제품 기획을 중심으로 진행한다. 그래서 앞서 서술한 바와 같이 원가가 기획서 마지막에 부록이나 주석처럼 첨부되어 있는 정도에 그친다. 그러나 도요타는 제품 기획을 진행하는 동시에, 해당 제품의 원가를 확실히 정리하기 위해 제품 기획서와 원가 기획서를 한 쌍으로 제출하도록 해서 이 둘을 동시에 검토한다.

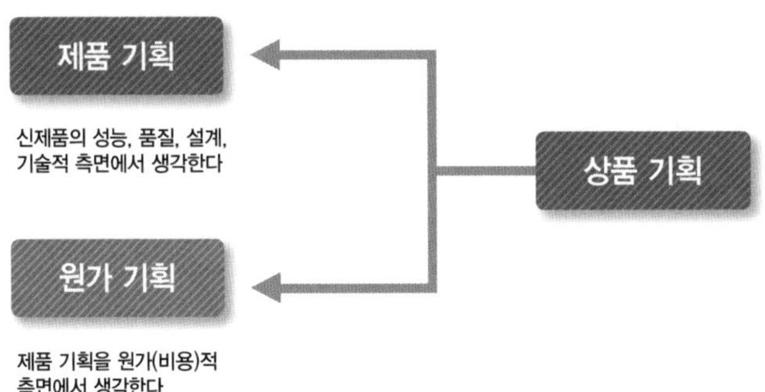

〈표 18〉 제품 기획과 원가 기획의 관계

자동차 산업뿐만 아니라 제조업에서는 수익을 안정적으로 확보하기 위해서 확실한 방식으로 지속적인 원가 절감을 추진할 필요가 있다. 원가 절감을 효율적으로 추진하려면 제품 설계의 선행 단계에서 '원가'를 설계 도면에 반영하는 것이 중요하다. 개발이 진행될수록 원가를 절감할 가능성과 선택의 폭이 줄어들기 때문이다. 그래서 도면 설계 전 선행 단계에서 원가 목표를 결정하는 것이 바로 '원가 기획'이다.

04
총원가를 어떻게 할당하는가

●●● 원가 기획으로 각 부문의 구성비를 엄밀하게 결정한다

도요타의 '원가 기획'은 1959년 말 아직 시작 단계에 있던 퍼블리카Publica●의 목표 판매가격을 최초의 상품 기획 단계에서 당시에도 파격적인 가격인 '1,000달러'로 설정했을 때부터 시작된 것으로 추정된다.

상품 기획 단계에서 목표 가격 이내로 만드는 것은 이후에 VE가치 공학로 정착해 간다. 이렇게 최초의 대략적인 설계, 개별 설계 등의 각 단계에서 수많은 관련 부

● 일본 정부의 국민차 구상에 맞춰 도요타가 개발한 소형차

서가 모여 목표 원가를 달성하려고 하는 원가 기획이 점차 도요타의 시스템으로 정착되어 갔다.

도요타의 원가 관리는 부문별 예산 관리에 의해 우선 원가 유지 체제를 정비하고, 예정 원가를 더욱 절감하기 위한 원가 개선 체제를 확립한다. 여기에 신제품 계획 단계에서 원가 기획이 더해진 것이다.

예산형 원가 기획으로 총원가를 할당

기존에는 차액 원가 방식을 적용하여 신형 모델의 요구 사양에 맞게 견적을 낸 후 수차례 VE를 거쳐 원가를 삭감해나가며 최종 원가를 결정하고, 여기에 이익을 더하여 판매 가격을 확정했다. 그러나 차액 원가 방식은 각 설계 단계의 원가 절감을 합산해도 목표로 한 최종 원가를 달성하지 못할 때가 많았다. 그래서 새롭게 '총원가' 방식으로 개선했다.

자동차의 판매 가격시장 가격은 차 등급, 성능 등에 따라 설계 단계에서부터 정해진다. 판매 가격이 시장고객에서 처음부터 이미 정해져 있다고 했을 때, 거기에서 일정 이익목표 이익을 빼면 총원가도 결정된다. 이것이 바로 총원가 방식이다.

총원가가 결정되면 이어서 자동차의 원가 구성을 생각해야 한다. 즉, 자동차의 어느 부분에 얼마만큼의 원가를 사용할 수 있는지를 결정하는 것이다. 예를 들어, 총원가가 80만 엔인 경우, 섀시나 바디, 엔진 등의 각 부분에 총원가 80만 엔을 할당한다. 이때 그것을 결정하는 것은 CE의 일이다.

큰 구성으로 보면 〈표 19〉의 하단과 같이 바디, 섀시, 엔진, 구동, 전기와 같은 '설계실 단위'로 대략 구분할 수 있다. 그 외에도 CE의 지분, 조정분을 몇 %씩 떼어낸다.

〈표 19〉의 원가 구성비는 기존 모델을 통해 대략 예상할 수 있지만, 결국에는 각 부서, 각 설계실과 협상하는 것이기 때문에 각 부서와 설계실의 의견을 들으면서 조정하는 것이 CE의 능력이다.

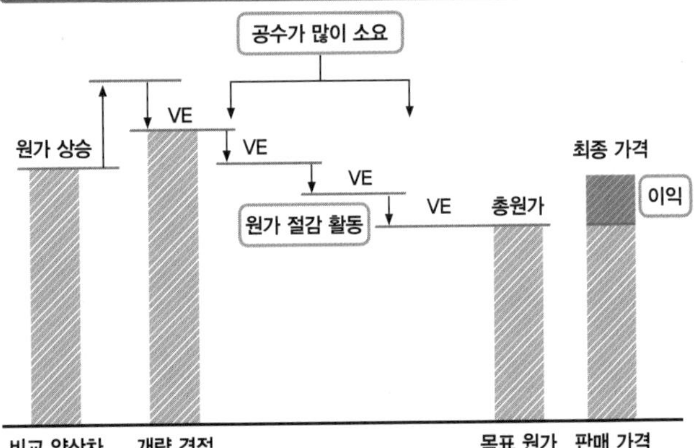

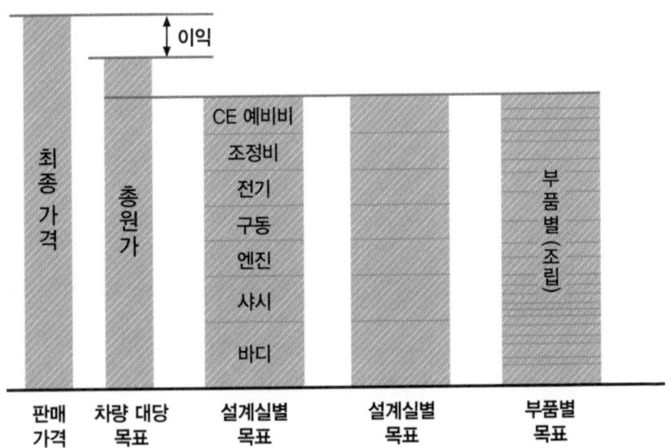

〈표 19〉 총원가의 할당 사례

부족한 원가는 두 종류의 조정비로 대응

이렇게 일단 설계실 단위로 크게 할당된 원가를 각 설계실에서 정밀히 검토해 보면 '그 가격으로는 불가능하다'라는 현실론도 등장한다. 그러면 다시 CE를 중심으로 재교섭을 시작한다.

예를 들어, '이번 바디 형상을 고려하면 이 원가로는 도저히 불가능하다. 700엔이 더 필요하다'라고 바디차체 부문이 말할 때, CE가 '바디는 이번 자동차의 중요 부문 중 하나이므로 인정한다'라고 쉽게 승낙하기도 하고, 근거가 빈약해서 인정할 수 없다고 하는 등, 부서와 CE 간 또는 각 부서 간에 격렬한 논쟁이 벌어진다.

바디 부문에서 700엔 늘어난 원가는 다른 부문에서 공제해야 하는데, 이것이 원활하게 진행되지 않을 경우를 대비하여 두 종류의 조정비가 있다.

하나는 CE의 특별 조정비〈표 19〉에서 CE 예비비다. CE는 이 예비비로 이번 신차 개발에서 강조하고 싶은 부문에 예산을 배분한다.

또 다른 조정비는 각 부서 간에 조정되지 못한 금액

또는 불균형을 조정하는 예산〈표 19〉의 조정비이다. 이 작업을 수차례 반복함으로써 각각의 부문에서 1,000~2,000개 달하는 부품 원가까지 전체적으로 합의하는 것이다.

아울러 양산에 들어가기 2~3년 정도 전부터 '원가 기획 회의'가 시작되는데, 최초 단계에서 CE가 '신차 이미지'를 발표하며 '꿈'과 '이상'을 이야기한다. 어떤 자동차를 만들고 싶은지를 프로젝트에 참가하는 사람들이 구체적으로 이미지화할 수 있도록 제안함으로써, 비로소 신형 모델 개발 프로젝트가 시작된다.

또한, 협력업체의 목표 등도 원가 기획 회의에서 조기에 결정한다.

05
원가 기획 회의는 어떻게 진행되는가

●●● 임원들의 질문이 쏟아지는 결전의 장

원가 기획 회의는 매월 한 번 개최된다.

이 회의는 CE와 각 부문의 부장, 실장뿐만 아니라 도요타의 부사장을 비롯한 임원진도 참석한다. 임원진에게는 중요한 회의가 많다. 그러나 이 원가 기획 회의에서 다루는 신모델이 실패하면 바로 수천억 엔의 손실이 발생하기 때문에 담당 CE는 물론, 도요타의 임원들도 필사적으로 회의에 참여한다. 그중에서도 재경 부문 부사장과 전무는 CE에게 날카로운 질문을 쏟아낸다.

원가를 철저히 검토해서 사전 준비를 완벽히 한다

원가 기획 회의를 시작하기 전에 CE는 사전에 재경 부문 부사장과 전무에게 설명한다. 사전 설명 단계에서 부사장 등이 지적한 내용을 수정, 보완하여 본회의에서는 까다로운 질문과 요구를 받아도 해결할 수 있도록 준비하고 조정한다.

이것이 바로 도요타도 '회의 전 조정회의'가 필요한 이유다. 다만, 아무리 사전 준비를 해도 실제 회의에서는 생각지 못한 질문과 요구사항들이 CE에게 던져질 수 있다. 논의가 격렬해지면 정해진 시간 안에 회의를 끝내기 어려워져 회의를 다시 하기도 한다.

이렇게 엄격한 시스템이 구축되어 있기 때문에 CE는 맡고 있는 많은 일 중에서도 원가를 철저히 검토하여 기획해서 회의에 임하도록 훈련되어 있다.

06
원가 계획은 어떻게 추진하는가

●●● 매월 점검 보완하면서 부족한 부분을 달성해 나간다

원가 기획 회의에서 부서별 원가를 결정한 후, 1년 반이 지나면 신형 모델의 양산이 시작되면서 원가 기획의 역할은 종료된다. 그러나 제품 생산을 하는 데 있어 중요한 것은 그 이후부터다.

원가 기획 회의에서 신형 모델의 총원가가 80만 엔으로 결정되면, 그것을 부서별 · 설계실별 · 부품별로 배분한다. 그 후 각 부서가 목표한 성능, 품질, 원가에 따라 계획대로 완성하면 좋겠지만, 실제로는 매우 어려운 일이다.

그러므로 부서별로 원가를 예정대로 달성했는지, 문제는 발생하지 않았는지 등을 항상 점검하는 것이 중요하다. 그래서 신형 모델의 생산을 시작할 때까지 1년 반 동안 매월 후속 지원을 계속한다.

예를 들어, 바디 부문의 설계에서 '원가가 예상치보다 100엔 초과했다'라는 사실이 알려지면, 즉시 100엔의 초과분을 낮추기 위한 대책을 세운다. 즉시 대응함으로써 100엔의 원가 상승을 그 자리에서 절감 · 흡수해 버리는 것이다. 구체적으로 CE가 '주어진 원가는 얼마인데, 부서 B는 100엔을 초과했다. 그렇다면 이 방법을 사용해 목표 원가를 달성하라'라고 결정한다.

만약, 매월이 아닌 3개월이나 6개월마다 점검 보완을 한다면 때를 놓치게 되는 경우도 발생하기 때문에 '매월 점검 보완한다'는 것이 중요하다.

저자는 이처럼 신규 프로젝트에 대한 원가 할당을 마치고, 개별 설계가 착수되어 양산을 개시할 때까지 1년 반의 기간을 '원가 계획'이라고 부르며, 그전 단계인 '원가 기획'과 구별하고 있다.

'원가 계획'이라고 해도 계획만 세우는 것은 아니다. 계획을 달성하지 못한 부분이 있으면 대책을 세워 예정대로 실행하도록 만드는 데에 '원가 계획'의 의미가 있다.

미달성된 부분은 즉시 대책을 세운다

〈표 20〉은 '원가 기획 회의'라는 자료다. 이것은 매월 시행되는 가장 중요한 회의'회의체'로 불린다에서 검증되는 것인데, 이 7개 의제를 보면 단순한 원가 기획과 관련된 의제는 첫 번째뿐이고, 나머지 6개 의제는 이미 정해진 원가 기획의 보완을 다루고 있다. 즉, 실질적으로는 '원가 계획 회의'이다. 의제②에서 의제⑦까지는 매월 보완하는 사항이다.

이처럼 원가 기획 회의에서는 '원가 기획' 단계의 사안과 '원가 계획' 단계의 사안이 혼재되어 있다. 또한, 현재 프로젝트를 어디까지 진행했는지, 목표 원가와 견적 원가를 비교하여 각각의 달성 상황을 발표한다.

제 XXX회 원가 기획 회의

• 일시 : 20XX년 10월 1일 (화) 9:30~12:00
• 장소 : 사무본관 3층 34-36 회의실

① XXXN 목표 이익에 대해	9:30~10:00
② XXXN/XX1N FS 점검 보완에 대해	10:00~10:25
③ XXXN FS 점검 보완에 대해	10:25~10:45
④ XXXN 양산 시작 점검 보완에 대해	10:45~11:05
⑤ XXXF 양산 시작 점검 보완에 대해	11:05~11:25
⑥ XXXK 양산 시작 점검 보완에 대해	11:25~11:45
⑦ XXXT 실적 점검 보완에 대해	11:45~12:00

이상

〈표 20〉 원가 기획 회의에 제출된 자료

이때 미달성된 사안은 어떻게 달성할 것인지에 대한 대책을 구체적으로 설명한다.

이와 같은 사안을 CE가 매월 점검하며 프로젝트를 진행한다. 어떤 문제가 발견되면 그 단계에서 '즉시 조처를 한다'라는 것이 중요하다.

'원가 기획' 단계에서는 대략적으로 배분했을 뿐이지만, 그 후에는 수많은 설계자가 각자의 영역 내에서 부품 등을 설계하기 시작한다. 물론, 예정대로 진행되지 않을 때도 있는데, 그때마다 바로 조처를 하기 때문에 목표를 달성할 수 있다.

최선을 다해서 목표 원가를 달성

이처럼 '대책을 취하는' 프로세스가 '원가 계획'이다. CE와 각 부서의 설계자들이 항상 원가를 생각하면서 요구하는 성능과 품질을 달성하려고 하는 것이다. 양산 전에는 이 원가 계획 기간이 설계자가 가장 심혈을 기울이는 시기다.

〈표 21〉에서 미달성은 ▲로 표시했다. 어떤 차종이라도 처음부터 계속 순조롭게 진행되는 경우는 없고, 미달성은 반드시 존재한다. 그러므로 설계 단계원가 계획와 같은 초기 단계에서 대책을 세워 하나씩 해결해나가는 것이 중요하다.

		목표 원가	견적 원가		달성 현황		
				내부 설비 유용 노력		구입 부품	내재화 부품 외
사양 변경분		⊕ 1.6	⊕ 2.0		▲ 0.4	▲ 0.4	
부품별 원가	바디 관련	⊖ 34.1	40.2		6.1	4.3	1.8
	외장 관련	⊖ 3.7	3.8		0.1	▲ 1.0	1.1
	샤시 관련	⊖ 19.6	⊖ 20.4	⊖ 1.9	0.8	▲ 0.6	1.4
	엔진 관련	⊖ 15.2	⊖ 17.1	⊖ 5.8	1.9	▲ 2.9	4.8
	드라이브 트레인 관련	⊕ 21.7	⊕ 18.2	⊖ 1.6	3.5	▲ 1.1	4.6
	전자 기술 관련	⊕ 0.0	⊕ 0.0		0.0	0.0	0.0
도장 및 조립비		⊖ 0.8	⊕ 0.5		▲ 0.3		▲ 0.3
포장물류비		⊕ 0.6	⊖ 4.0		3.4		3.4
CE 예비비		⊕ 16.2	⊕ 15.7		0.5		0.5
합계		⊖ 33.3	⊖ 49.1	⊖ 9.3	15.6	▲ 1.7	17.3

〈표 21〉 목표 원가의 달성 현황 사례

07

부품 설계 단계에서는 어떻게 원가를 달성하는가

●●● '설계와 원가'와의 균형을 맞추어 진행한다

원가 계획에 들어가면 각 부서의 설계자들은 담당하는 부품 설계를 시작한다. 원래 CE는 성능, 품질, 원가에 대해 대략적인 지시밖에 하지 않기 때문에 부품 자체의 설계는 각각의 설계자가 맡는다.

그래서 설계자는 주어진 금액원가 내에서 주어진 사양성능과 품질을 충족시키려면 어떻게 해야 할지, 어떻게 하면 실현할 수 있을지를 고민한다. 여기서 중요한 것은 '설계와 원가의 균형을 잡으면서 진행'하는 것이다.

여기에 균형을 잡는 몇 가지 방법을 소개한다.

QFD로 설계와 원가 간의 균형

설계라고 해도 원점에서 도면을 그리는 것은 아니다. 대부분 과거 모델의 도면이 있기 때문에 그것을 이용한다. 물론, 그 도면을 그대로 가져다가 사용하는 것은 아니다. 왜 예전 설계자는 이렇게 도면을 그렸는지, 이번 모델에서는 어떻게 고쳐야 하는지를 생각하면서 설계한다. 이때 필요한 것이 'QFD Quality Function Deployment, 품질 기능 전개'이다.

QFD란 그 부품에 요구되는 기능 및 성능은 무엇인지, 품질이 어느 수준까지 요구되는지 등을 고장 발생 가능성 등과 함께 분석하면서 원가와의 균형을 잡으며 설계하는 방법이다.

디자인 리뷰를 통해 '재작업'을 회피

도요타에는 '디자인 리뷰 DR, Design Review'라고 불리는 회의가 있다. 이 회의는 다음과 같은 문제들에 대응한다.

담당 부품의 설계도가 완성된 후 '기준을 충족시키지 못했다', '이 도면대로 하면 낭비가 너무 많다'라는 이유로 재작업을 하면 시간과 비용이 크게 낭비된다. 그래서 가능하면 재작업을 피하고자 구매, 생산, 생산 기술 등 관련 부서 직원들을 모아서 각자의 관점에서 봤을 때 사양이 요구 조건을 충족시키는지를 이 회의를 통해 점검한다.

디자인 리뷰를 하는 시기는 어느 정도 결정되어 있으며 기본 설계, 상세 설계, 시작 단계 등에서 각각 실시한다. 그리고 각 단계에서 '문제없다'라고 판단되면 다음 단계로 넘어간다.

앞에서 서술한 것처럼 재작업을 하면 그만큼 시간과 경비가 낭비되기 때문에 디자인 리뷰를 통해 재작업을 회피하고자 하는 것이다.

디자인 리뷰 시 다른 부문의 요청 사항을 피드백하거나 과거의 다양한 경험과 지식을 들을 수도 있다. 실제로 설계자가 모르고 있던 현장의 해결법 등을 디자인 리뷰를 통해 피드백함으로써 원가 기획, 원가 계획의 설계에 활용하고 있다.

원가와 성능, 품질은 서로 절충해 결정

'설계자는 원가 등에 구속되지 않고 더 자유롭게 작업해야 한다'라는 의견도 있지만, 원가를 고려하지 않는 설계란 존재하지 않는다.

원가를 무시해도 된다면 대중적인 차를 제작할 때에도 고가의 특수 합금을 바디에 적용하거나 필요 이상으로 큰 엔진을 탑재하기도 할 것이다. 아무도 그렇게 하지 않는 이유는 원가와 성능, 품질 간의 균형을 추구하기 때문이다. 즉, 원가 기획에서 주어진 목표 원가의 범위 내에서 제품을 만들고 있다.

물론, 모순도 있다. 고급 소재를 사용할 수 있다면 좋겠지만, 가격이 비싸진다. 소재의 질을 약간 낮추면 가격은 싸지지만, 성능이 조금 부족해진다. 과연 어디에 맞춰야 할지 알 수 없다. 항상 이런 고민에서 자유롭지 못하다.

그러나 결국 원가와 설계성능과 품질 두 가지를 놓고 저울질한다는 것 자체가 멋진 일이다. '성능과 품질'을 보는 능력은 있지만, '원가'와 비교하거나 '원가'와의 균형을 잡는 저울을 가지지 못한 설계자는 제품의 요구를 충족하고 있다고 말할 수 없다.

과거의 모델을 보면서 왜 그렇게 설계했는지를 생각해 보고 원가와 성능, 품질을 저울질하면서 '역시 여기가 타협점'이라고 깨닫는다. 모든 것은 원가와 성능, 품질을 서로 절충해 결정한다고 생각해야 한다.

08
부품 설계 확인은 어떤 방식으로 진행하는가

●●● 원가 확인 도면 발행은 체크 시트로 점검 보완한다

원가 계획의 마지막 단계로 '도면 발행 체크 시트'를 소개한다. 〈표 22〉는 부품의 체크 리스트다. 각 부품 담당 설계자가 도면을 작성할 때마다 이 체크 시트로 점검을 받는 시스템이다.

이 체크 시트는 CE가 최종 승인한다. CE는 부품의 성능과 품질뿐만 아니라 최종적으로 균형이 잡힌 제품 부품으로 완성되었는지를 확인하는 데 중점을 두고 있으므로 전체를 고려하여 제품으로서 부합하지 않는 경

엔진 타입	상품명	부	실	G
차종	이름			

수배정식	요구 부서	지시서	CE	승인	부분 책임자	작성
			월 일	월 일	월 일	월 일

	원가 견적 부서	질량	분	분	분	도면 검토시 담당자와의 의사소통
계획 출도 설계 변경 외설신 승인	↗↘→ □구매/경리 □원가 기획 S □메이커 (+ − %) ( )	↗↘→ (+ − %)	유/무	유/무	유/무	

정식 도면, 도면 발행시 종합 판단

1. 문제 없음
2. 전부 확인하지 않았지만 문제 없음
3. 문제 있지만 부득이함

문제점은?

목적 / 배경

□사양 변경 □표준화 □중량 저감

□연구 □성능 향상 □생산성 향상

□트러블 대책 □서비스 향상

□기타

내구/신뢰성 확인 결과 항목 n수 체크

연속 고속
F/슬로틀 U/D
저 스윕 U/D
종합 패턴
종합 냉열
저온 냉열
EX 매니 냉열
D/장시간
해머링
응력 측정
긍진점 내구
약로 내구
고속 내구
열해 내구
단체평가
CAE 응력

목적/이유(GM 기입)

□출력 성능 향상 □균열 문제 대책

□NV 개선 □간섭 문제

□기타(   )

□외부 요건(Z 생산성) □표준화/공통화

□원가 저감 □SOC대응 □기타(   )

변경 내용

변경에 의한 우려점 우려점에 대한 대응

원가에 반영한 결과(왼쪽 표) 제조에 반영한 내용

첨부 자료	원가	
설계 체크시트 요구 사양 확인표	1. 양산	
	2. 목표 원가	
	3. S	
	4. S 견적	
	5. 미달분	
	6. 미달 대책	
	시작비	
	1. 부품비	
	2. 금형비	
	3. 시작비 총액	
	질량	
	1. 양산	
	2. 목표 질량	
	3. S	
	4. S 견적	
	5. 미달분	
	6. 미달 대책	

후일 승인도 출도 OR ——→ 예정(/)

후일 점검 보완 지원(필요 / 불필요) 월 일 월 일

〈표 22〉 도면 발행 체크 시트

우에는 기각한다.

비용은 이전 단계인 원가 기획에서 할당되어 있으니, 정해진 목표 원가 내에서 완성되었는지를 항상 확인하는 의미에서 이 체크 시트 난에도 비용을 게재하고 있다.

〈표 22〉의 오른쪽 아래에 있는 '원가' 난의 2번째 '목표 원가'가 바로 '원가 기획'에서 결정된 수치원가다. 여기에는 공란으로 되어 있지만, 만약 2번이 100엔, 4번 'S 견적'이 110엔이라고 하면, 5번 '미달분'에는 10엔이라고 기입한다.

다만, '미달했다'라고 기입하고 끝내서는 안 된다. 어떻게 달성할지에 대한 대책과 시작비도 함께 기입한다.

원가 계획은 이러한 체크 시트도 이용하여 문제를 보완함으로써 목표를 달성하고자 하는 것이다.

제5장

낭비 제거

낭비 제거

01

부가가치가 없는 일을 배제하려면 어떻게 해야 하는가

'7가지 낭비'를 제거하여 부가가치로 바꾸어 나간다

지금까지 공장이나 다양한 생산 현장에서는 '낭비 제거'라고 불리는 활동이 활발하게 이루어졌다. 이런 활동에 대해 '너무 쩨쩨하게 군다'라고 생각하는 사람들도 있겠지만, 낭비 제거 활동을 하는 이유는 그것이 '원가 절감'으로 연결되기 때문이다.

아무리 열심히 일한다 해도 깨닫지 못하는 곳, 깨닫지 못하는 사이에 여러 가지 '낭비'를 발생시킨다. 얼마 안 되는 낭비라도 전 직원이 하고, 1년이라는 기간 동안 쌓이면 큰 낭비가 된다.

우선 어떤 부분에서 어떤 낭비가 발생하기 쉬운지, 그로 인해 어떤 문제가 발생하는지를 확인해보자. 낭비 중에서도 대표적인 것이 다음의 '7가지 낭비'라고 불리는 것이다.

① 과잉 생산에 의한 낭비

소재가 싸다든지 설비를 놀릴 수 없다든지 하는 등의 이유로 과잉 생산한 상품은 대부분 '재고'가 되어 보관료 등 이중 삼중의 낭비를 발생시킨다.

② 작업 대기에 의한 낭비

작업량의 불균형으로 인해 '작업 대기' 상태가 발생한다. 이를 방지하려면 작업의 재배분을 검토할 필요가 있다.

③ 운반에 의한 낭비

운반은 가치를 창출하지 않는다. 그래서 운반을 어떻게 '제로'로 만들지 고민할 필요가 있다. 예를 들어, 다음 공정에 롤러 컨베이어나 슈터〈표 24〉 참고를 사용하는 것도 '운반에 의한 낭비'를 방지하기 위한 대책 중 하나다.

④ 가공 그 자체에 의한 낭비

아직 처리 전 단계인데도 필요 이상으로 세세하게 처리를 해서 시간을 허비하는 등 본 가공에 도움을 주지 않는 낭비를 말한다. 이런 유형의 낭비는 관리 부문에서도 많이 볼 수 있다. 내부 회의에 사용할 자료인데, 필요 이상으로 디자인과 색상 등을 신경 써서 작성하는 데 시간을 낭비하는 것 등이 이에 해당한다.

⑤ 재고에 의한 낭비

다양한 요인으로 인해 재고가 발생하는데, 재고가 있으면 그 재고 액수의 30%에 해당하는 비용이 별도로 발생한다고 한다.

⑥ 동작에 의한 낭비

부가가치를 창출하지 않는 동작을 말한다. 동선이 나빠 이동 시간이 오래 걸려서 발생하는 낭비가 이에 해당한다.

⑦ 불량품 · 재작업에 의한 낭비

불량품이 발생하면 동시에 재작업에 의한 낭비가 발생하고 시간, 비용, 신용 3가지를 동시에 잃게 된다. 그것이 원인이 되어 사고 등이 발생하면 막대한 손실을 본다.

[낭비 = 전체 작업 - 부가가치]
낭비가 발생하는 공정
① 과잉 생산에 의한 낭비
- 예상 생산, 과잉 설비, 로트 생산
정체
② 작업 대기에 의한 낭비
- 차시 대기, 재료 대기, 부품 대기(부품 부족)
작업
③ 운반에 의한 낭비
- 체류, 우회 운반, 옮겨 쌓기, 임시 보관
운반
④ 가공 그 자체에 의한 낭비
- 정확도 등과 무관한 부가가치가 없는 가공
가공
⑤ 재고에 의한 낭비
- 공간 증가, 운반 기구 증가, 부품 열화
정체
⑥ 동작에 의한 낭비
- 부가가치를 창출하지 않는 움직임
(걷기, 집기 등 부대 작업)
작업
⑦ 불량품 · 재작업에 의한 낭비
- 원재료, 공수, 에너지 손실
품질

〈표 23〉 현장에서 발생하기 쉬운 7가지 낭비

공장에서도 부가가치를 창출하는 작업은 25%에 불과

이런 7가지 낭비를 해결해나가는 '낭비 제거'는 '부가가치가 없는 작업을 배제하는 것'으로 바꾸어 말할 수 있으며 재료비, 노무비의 손실을 없애는 활동으로도 이어진다.

낭비 제거가 진행되고 있는 공장도 일일 작업량 중에서 부가가치를 창출하는 실질 작업량은 25%에 불과하다고 한다. 남은 75% 중 50%가 부대 업무, 25%는 작업 대기 시간이다.

어느 부분에서 낭비가 발생할까? 어떻게 해야 75%의 시간을 부가가치를 창출하는 일로 바꿔갈 수 있을까?

사실 7가지 낭비를 파악하는 것은 업무를 얼마나 부가가치가 있는 것으로 바꿀 수 있는지에 대해 생각하는 것이다. 결코, '쩨쩨한' 이야기가 아니다.

02
낭비 제거를 위해서는 어떤 관점이 필요한가

●●● 업무 프로세스를 분해하면 '낭비'가 보인다

일반적으로 작업에 매우 숙달된 사람만이 낭비 제거를 할 수 있다고 생각한다. 물론, 도요타 출신 컨설턴트들은 낭비되고 있는 부분을 잘 발견해서 사람들을 놀라게 하기도 한다. 그런데 여기에도 비결이 있다. 그것은 바로 일이나 작업을 몇 개의 동작으로 분리해보는 것이다. 그렇게 하면 어떤 동작은 없어도 된다는 사실을 깨닫게 된다.

공장 작업 사례를 통해 생각해보자. 예를 들어, 부품

에 캡을 씌우는 작업을 할 때, '창고까지 캡을 가지러 간다'는 행위가 쓸데없는 작업이라는 것은 누구라도 알 수 있다운반에 의한 낭비. 그래서 대부분 작업장 주변에 부품이 분류되어 놓여 있다. 그러나 그 부품을 잡기 위해 손을 뻗는 동작도 잘 생각하면 '운반'의 일종이라고 볼 수 있으므로 쓸데없는 작업에 해당한다.

나아가 '캡을 잡는다'는 것도 '캡을 씌운다'는 최종 목적에서 바라보면 작업의 본질과는 관계없는 동작이다.

낭비를 철저히 제거해 원가 절감으로 연결

이 일련의 흐름 속에서 부가가치를 창출하는 작업은 '캡을 씌운다'는 부분에만 해당하며, 이것이 바로 부가가치를 창출하는 작업인 25%의 내용이다. 이렇게 업무를 분리해보면 어떻게 개선하면 좋을지, 그 방향성을 알게 된다. 즉, 부가가치가 있는 '업무'에만 주목하면 처음부터 캡이 부품 옆에 있으면 '씌운다'는 공정만으로 충분하다는 사실을 깨닫게 되는 것이다.

이처럼 작업 프로세스를 하나하나 분리하면 '운반한

다', '손을 뻗는다', '잡는다', '씌운다'라는 네 단계의 동작으로 나눌 수 있고, 가장 본질적인 '씌운다' 이외의 동작을 배제하는 것이 중요하다는 사실을 깨닫게 된다. 이것이 낭비 제거이며, 결과적으로 '원가 절감'으로 이어진다.

03

현장의 낭비는 어떻게 제거해야 하는가

●●● 비용 대비 효과를 고려해 지혜와 개선 연구로 실수를 없앤다

인간은 완벽한 존재가 아니다. 아무리 신중한 사람이라도 가끔은 어이없는 실수를 하거나 부주의를 범하게 된다. 그러나 조금만 신경을 쓴다면 아이디어와 장치를 통해 그런 실수를 방지하고 수율을 향상시킬 수 있다. 그 아이디어가 바로 '실수 방지 장치Fool-Proof●'이다.

도요타는 수십 년에 걸쳐 다양한 실수 방지 장치를 개발해 왔다. 그리고 이것에는 기본적으로 '비용을 들

● 작업시 불량이 발생하지 않게 방지하는 간단한 장치로 '풀푸르프'라고도 부른다

이지 않고, 지혜와 아이디어로 실현하는 것'이라는 원칙이 있다.

예를 들어, 벨트 컨베이어를 타고 이동하는 차량에 A~E 부품 중 하나를 장착할 때, 아무리 주의하더라도 인간이기 때문에 실수를 하는 경우가 있다. A 부품을 선택해야 하는데, B 부품을 선택하는 식이다. 이때 실수한 사람을 탓하기보다는 실수를 방지하는 대책을 마련해야 한다는 것이 기본적인 사고방식이며, 이를 바탕으로 연구를 진행한다.

비용을 전혀 들이지 않는 방법으로는 선반을 색으로 확실히 구분하거나 비슷한 부품을 주변에 두지 않는 방법이 있는데, 이것만으로도 실수를 많이 줄일 수 있다.

또는, 램프를 점등하여 주의를 환기하는 방법도 있다. 컨베이어 위의 차량 종류를 자동으로 감지하여 A 부품을 선택하라고 알려 주기 위해 A 부품이 들어있는 상자에만 빨간 불이 켜진다. 이렇게 하면 실수가 훨씬 줄어든다. 그러나 빨간 불을 보지 못할 수도 있어서 다른 부품을 장착할 가능성을 완전히 배제했다고는 볼 수 없다.

여기서 한 단계 더 나아가 최근에는 부품 상자에 모두 뚜껑을 달아 컨베이어 위에 차량이 오면, 필요한 부품 A, B, C 중 장착해야 하는 부품이 들어 있는 상자의 뚜껑만 열리는 시스템이 적용되었다. 이렇게 하면 현장 작업자는 필요한 부품만 집을 수 있어서 실수할 확률이 대폭 감소한다.

불량품 출하를 막는 것이 가장 중요

위와 같이 부품을 잘못 장착한 제품을 '불량품'이라고 부른다. 출하 전에 이것을 발견해도 새로 작업해야 하기 때문에 재료비가 증가한다. 또한, 운 나쁘게 불량품인 상태에서 출하하면 중대한 사고의 원인이 될 수도 있고, 회사의 신뢰를 실추시킨다.

불량품이 발생하는 원인으로는 제품 번호를 착각하거나 비슷한 모양의 부품을 장착하는 것이 다수를 차지했다. 그 대책으로 앞에서 말한 상자의 램프가 켜지거나 해당 부품 상자의 뚜껑만 자동으로 열리게 하는 방법도 있지만, 기계에 붙은 센서로 실수를 찾아내는 방법도 있다.

예를 들어, 부품을 X라는 기계에 넣으면 기계에 달린 센서가 'X에게 맞는 부품 Y가 장착되어 있다'라고 인식하고, 센서가 합격품으로 판단하는 것이다. 또한, 맞는 부품이 올바른 방향으로 세팅되었는지도 판단한다.

실수 방지 장치는 비용을 들이지 않는 것이 가장 좋지만, 비용 절감 문제에 집착하여 불량품이 발생해 신용을 떨어뜨릴 가능성이 있거나 너무 복잡하다면 아무런 도움이 되지 않는다.

때로는 센서를 부착하는 등 약간의 비용이 들더라도 그로 인해 재료비, 불량률 저감, 파치가공 불량품를 방지하는 것으로 재료비 낭비를 줄여서 상쇄할 수 있다.

결국, 어느 정도 비용이 들더라도 전체적으로 그 비용을 회수할 수 있으면 된다. 실수 방지 장치로 실수를 예방하는 것은 낭비를 발생시키지 않고 불량품 유출을 방지한다는 점에서 '원가 상승 억제→원가 절감'에 기여하고 있다.

04
비용과 인력을 들이지 않는 낭비 제거란 무엇인가

●●● 지혜와 아이디어로 구현한 간이 자동화로 낭비를 막는다

도요타는 낭비 제거를 위해 '간이 자동화'라는 방법을 자주 사용한다. 자동화를 대규모로 실시하면 기계를 도입해야 하므로 비용이 발생하지만, 간이 자동화는 사람의 지혜와 아이디어로 구현하여 '간단하고 쉬운 자동화'를 진행하는 것이다. 간이 자동화는 '운반에 의한 낭비'를 없애서 인력과 기계의 도움을 받지 않는다는 생각을 바탕으로 한다.

예를 들면, 어떤 작업자가 처리한 둥근 철봉을 2m 뒤에 있는 다음 작업자에게 건네려고 할 때, 다음 작업자가 그것을 가지러 오면 '운반에 의한 낭비'가 발생한다. 그렇다고 고작 2m를 옮기기 위해 기계를 사용하면 비용이 많이 든다.

이럴 때, 다음 작업자와의 사이에 약간 경사가 있는 롤러 컨베이어를 만들어 작업이 끝날 때마다 그 위에 부품을 올리면 저절로 다음 작업자가 있는 위치까지 굴러간다.

크기가 더 작고 미끄러지기 쉬운 부품은 '슈터'를 사용한다. 슈터도 롤러 컨베이어와 마찬가지로 부품을 자

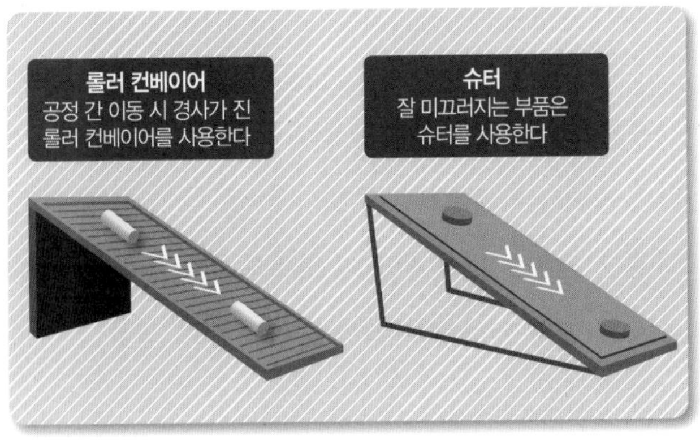
롤러 컨베이어
공정 간 이동 시 경사가 진
롤러 컨베이어를 사용한다
슈터
잘 미끄러지는 부품은
슈터를 사용한다

〈표 24〉 롤러 컨베이어와 슈터

동으로 다음 공정으로 옮겨준다.

카라쿠리의 지혜를 활용한 사례

에도 시대에는 '카라쿠리기계 장치 인형'이란 것이 있었다. 인형의 손 위에 찻잔을 올리면 드르륵하고 태엽이 돌아가는 소리를 내면서 찻잔을 일정한 장소까지 옮겨준다. 간이 자동화도 카라쿠리 인형과 비슷하다. 작업자가 작업을 마치고 완성된 부품을 롤러 컨베이어에 올려놓으면 간단한 '카라쿠리기계 장치'가 다음 작업자에게 건네준다. 자동 설비를 도입하면 큰 비용이 들지만 카라쿠리는 인력이 필요 없고, 컨베이어가 부서져도 작업자가 직접 고칠 수 있다.

이것이 간이 자동화를 추구하는 이유이다. 운반에 의한 낭비를 제거할 수 있고, 유지비와 전기료도 들지 않는다. 이는 낭비 제거를 실천해 원가 절감을 이룬 알기 쉬운 사례이다.

05

불량품을 줄이기 위해 어떻게 하는가

●●● 철저한 '조시 석시'로 불량품 발생을 방지한다

'불량품'이 외부로 유출되면 아무리 대기업이라도 돌이킬 수 없는 사태를 초래할 수 있다.

예를 들어, 재작업 비용재료비, 인건비의 증가, 불만 대응 급증, 브랜드 가치의 저하, 기업의 신용도 하락 등 수많은 손실을 감당해야 한다.

또한, 사람의 생명과 관련된 것이거나 그것이 원인이 되어 사고라도 발생하면 거액의 배상 책임이 따른다. 제조사 측에서 보면 '불량품'이 시장에 유출되는 사건보다 두려운 일은 없다. 지금까지 했던 원가 절감 활동을 단숨에 날려 버릴 정도의 사태가 발생한다. 그래서 자동차 이외의 제품, 특히 식품 등도 마찬가지로 철저한 품질 관리4M + 1M 등가 필요하다.

조시 석시는 '현장 실물' 발상이 핵심

불량품을 시장에 유출하지 않고 원가를 절감하기 위한 구체적인 대책은 없을까? 앞에서 설명한 '자공정완결' 등의 방법도 있지만, 여기서는 그것보다 도입하기 쉬운 '조시 석시朝市 夕市'라는 방법을 소개한다. 단, 완벽한 불량품 방지책은 존재하지 않기 때문에 효과적인 대책 중 하나라고 이해하자.

도요타가 도입하고 있는 조시 석시 방법은 그날 발생한 불량품을 방이나 한 장소에 죽 늘어놓고 오늘 어떤 불량이 발생했는지를 전시하는 것이다.

불량이 발생한 차체와 부품에 순서대로 스티커를 붙이고 '이 부분에 불량이 발생했다, 이 부분에 흠집이 생겼다…….'라는 것을 직원들이 볼 수 있게 한다.

실제 작업에 관련된 직원들이 불량이 발생한 부분을 보면 어느 정도 원인을 추측할 수 있기 때문에 '이렇게 대책을 세우자'라고 즉시 결정할 수 있다. 아침에 정기적으로 이를 실시하는 것이 '조시朝市'이고, 저녁에 실시하는 것이 '석시夕市'이다.

양산 이전에는 불량이 많이 발생하기 때문에 거의 매일 '조시 석시'가 열리지만, 양산에 들어가면 불량도 줄어들기 때문에 일주일에 한 번 정도 실시한다.

도요타의 특징은 이 '조시 석시'를 '현장 실물'이라는 형태로 대책을 세운다는 점이다. 실물 자동차를 준비하고 실제 공장 안에서 작업에 참여한 관계자들이 모여 불량 부분을 하나씩 구체적으로 확인한다. 현장에서 실물을 '보고, 만지고, 느끼면서' 불량 원인과 대책을 생각한다.

절대 회의실에 모여 컴퓨터 화면을 보면서 논의하지 않는다. 현장에서 실물을 보고 깨닫게 되는 점이 매우 많기 때문이다.

통계 데이터에 의존해서는 안 되는 이유

'실물을 본다'는 의미와 공통되는 것으로 '품질 가시화 관리'가 있다.

공장에서는 라인별로 화이트보드에 다양한 불량 데이터와 품질 개선 계획서 등을 잔뜩 붙여 놓는다 6장 '오베야 방식' 참조. 그러면 모든 관계자에게 어떤 불량이 발생했고, 진행 상황은 어떤지 등의 정보를 전달할 수 있다.

여기서 주의해야 할 점은 안이하게 통계 처리에 의존하지 말아야 한다는 것이다. 불량이 발생할 때마다 통계로 처리하는 회사를 자주 보는데, 통계 데이터로 품질 관리를 해서 불량의 원인을 찾으려 해도 작업자들이 실수한 경우에는 통계만으로 정확히 파악할 수 없다. 작업자들이 딴생각을 하다가 실수를 범했다는 등의 미묘한 원인까지는 알 수 없기 때문에 진정한 원인을 찾기 어렵다.

진정한 원인을 파악하지 못했다는 것은 필요한 대책을 세울 수 없다는 것을 의미한다. 어떤 일이건 '현장 실물'로 확인해야 한다.

06

낭비 제거를 설계 단계에서 활용하는 방법은 무엇인가

●●● 현장의 피드백은 낭비를 제거한다

낭비 제거 방법 중에서도 '재료비를 절감'하는 방법이 가장 큰 효과가 있다. 자동차는 도료도 재료비에 해당한다.

예를 들어, 자동차의 도장 공정은 4단계하도, 중도, 상도, 코팅로 나누어져 있으며, 현재는 먼지가 들어가지 않게 밀폐된 방에서 로봇이 도장 작업을 한다. 그래서 자동차의 도장 작업을 볼 기회는 거의 없지만, 건축 현장의 경우 도료가 안개처럼 흩뿌려지며 바닥에 떨어지는 것을 볼 수 있다. 이때 바닥에 떨어진 도료는 도장 작업에 사용되지 않기 때문에 모두 낭비가 된다.

예전에는 자동차에 사용되는 도료의 수율도착율이 50~60%로 매우 낮았으나 개선 활동을 진행한 결과, 정전 도장•이라는 방법을 사용해 수율을 90%까지 올려서 낭비를 대폭 줄일 수 있었고, 결과적으로 원가 절감으로 이어졌다.

현장의 지혜를 설계자에게 알려 개선

도료 이외에도 수율이 나쁘면 재료비도 상승하기 때문에 수율을 올리는 것은 원가 절감에 직접 영향을 미친다. 그러나 도요타의 경우에도 모든 공정의 수율이 좋은 것은 아니다. 예를 들면, 프레스 공정은 한때 수율이 낮아 문제가 된 적이 있었다. 프레스 공정은 프레스기로 철판에 구멍을 뚫거나 구부려 도어 외판과 천장, 보닛 등을 만드는 공정을 가리킨다.

예를 들어, 철판 한 장에서 〈표 25〉와 같은 모양의 철

• 고압의 직류 전기를 사용한 도장법

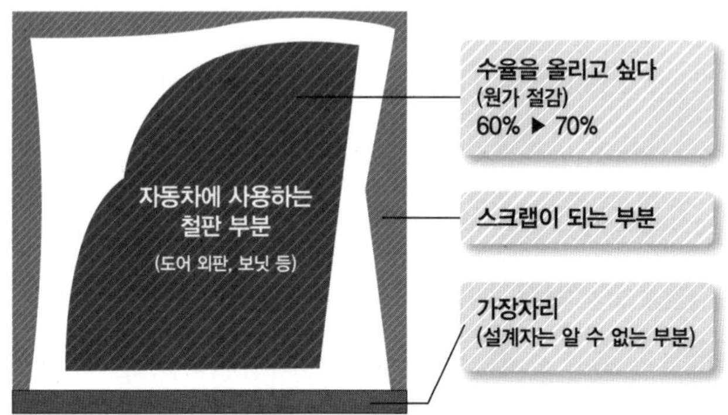

〈표 25〉 철판의 가장자리 제거 방법

판을 잘라서 떼어낼 때, 철판 한 장에서 사용되는 부분은 겨우 60%에 불과하며, 남은 40%는 스크랩고철이 되어 버린다.

이 철판의 유효 이용률을 60%에서 70%까지 올리면 그것만으로도 원가는 대폭 절감된다. 그러나 도어 외판, 천장 등에 사용하는 철판 부분을 떼어내려면 철판을 잡은 상태에서 프레스 해야 하므로 '가장자리'가 필요한데, 설계자들은 그것이 어느 정도 필요한지 알기 어렵다. 그래서 도면에서는 아무래도 가장자리 부분에 여유를 두고 설계해야 했다.

한편, 현장에서는 철판 크기를 약간 줄이고 가장자리를 연마해 미끄러지지 않게 하면 기계가 철판을 꽉 잡을 수 있다는 사실을 알고 있으므로 현장에서 그에 따라 대응함으로써 재료비를 줄일 수 있다.

이것이 '현장 수준'에서 개선한 사례인데, 이것을 현장 수준에서 그치지 않고 설계 단계에서 개선한다면 처음부터 철판 크기를 줄일 수 있고, 가장자리를 미리 연마해 작업을 원활하게 할 수 있다.

그러기 위해서는 현장에서 설계자에게 철판 가장자리를 현 설계에서 5㎝ 정도 줄여도 된다는 점을 피드백할 필요가 있다. 이렇게 하면 설계 단계부터 근본적인 원가 절감 방법을 생각할 수 있기 때문에 철판 수율도 단번에 높아진다. 게다가 현장에서 부가 작업을 하느라 고생할 필요도 없다.

여기에서는 이해하기 쉽게 판 모양의 철판으로 설명했지만, 자동차 공장에서는 대량의 철판을 취급하기 때문에 판 형태가 아닌 코일 모양의 철판을 구매한다. 판으로 된 철판은 낭비되는 부분이 많지만, 코일 모양의 철판을 사용하면 다음 가공품과의 간극을 좁힐 수 있어 보다 효율적으로 도어 외판과 보닛을 떼어낼 수 있다.

피드백 문화를 키운 도요타의 원가 절감 활동

위와 비슷한 피드백 사례는 또 있다. '와이어 하네스'라는 전선 다발이 있다. 와이어 하네스는 자동차 내부 배선에 사용되는 것인데, 설계자가 만든 설계도에 따라 현장에서 배선한다.

도요타는 설계도가 완성된 후 현장 작업자에게 도면을 공개한다. 설계자들은 철판 가장자리와 마찬가지로 와이어 하네스가 너무 짧으면 배선을 할 수 없다고 생각하여 조금씩 여유분을 두고 도면을 그린다.

그 후 현장에서 도면을 보고 '90㎝까지는 필요 없다. 1㎝를 줄여서 89㎝로 해도 된다'라고 설계자에게 피드백을 준다. 불과 1㎝ 줄어드는 것이지만 그것이 그대로 '이익'으로 연결되는 것이다. 1㎝나 2㎝ 정도 길다고 해서 작업에 지장을 초래하는 것은 아니지만, 거기에서 생기는 '느슨함'을 보고 내버려 둘지 아니면 '이것은 원가 절감으로 연결되는 포인트'라고 생각하고 바로 제안하느냐 하지 않느냐 여부는 큰 차이로 나타나는 것이다.

설계자가 말한 대로, 상사에게 지시받은 대로만 '일'하는 것은 '일을 처리하고 있는 것'일 뿐 거기에는 창의적인 아이디어가 없다. '일' 하나하나에 '부가가치'를 창출하는 것이 진정한 '일'인 것이다.

도요타는 1973년에 발생한 석유 파동으로 위기를 맞게 되어 4장에서처럼 자동차 제조 시 선행 단계에서 '원가 기획'이라는 방법을 사용하여 원가 절감을 추진해 왔다. 그러나 석유 파동 때 장기간 시련을 겪으면서 설계자를 돕기 위해서라도 '현장에서 설계자에게 피드백을 준다'라는 문화를 키워 나갔다. 즉, 도요타의 원가 절감 활동은 하루아침에 이루어진 것이 아니라는 뜻이다.

07
도요타식의 안이한 이해에 의한 실패

●●● 효율을 높이고자 '과잉 생산'한 것이 원인이다

일반적으로 수율을 올리면 원가 절감으로 이어진다. 그러나 수율은 높아졌지만, 그것이 오히려 원가 상승을 초래하여 장기간 적자를 기록한 보기 드문 사례도 있다.

한 콘크리트 패널 제조사의 예를 보자. 이 회사는 건물 외벽에 사용하는 콘크리트 패널을 제조하는데, 10년 동안 연간 1억 엔의 적자를 꾸준히 내고 있었다. 장기간 원가 절감 노력을 해왔지만, '자력으로는 한계에 다다랐다. 도와 달라'는 요청을 받고 컨설팅하게 되었다.

이 회사의 외벽용 콘크리트 패널에는 몇 가지 종류의 제품이 있고, 특별 주문품도 생산하고 있었다. 문제는 안이하게 수율을 향상하고자 했다는 것이다.

이 회사는 특별 주문품 A와 특별 주문품 B만을 콘크

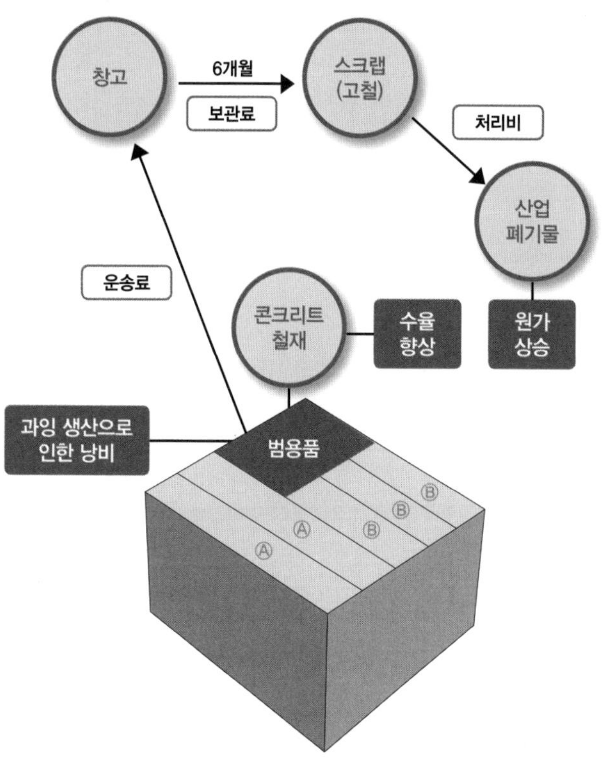

〈표 26〉 수율 향상 대책이 오히려 낭비된 사례

리트 패널로 만들면 빈 곳이 생겨 낭비가 발생하기 때문에 〈표 26〉처럼 빈 곳을 이용해서 미리 범용품을 만들기로 한 것이다.

덕분에 콘크리트 패널 하나에서 얻어지는 패널의 수율이 매우 높아졌지만, 미리 생산해 놓은 범용품에 대한 주문은 예상치의 절반에 불과해 매출에 도움이 별로 되지 않았다. 재고로 남은 범용품은 일단 창고로 옮겨 보관했는데, 몇 개월이 지나면 열화되어 상품으로 사용하지 못했다.

결국, 상품성을 잃은 패널들은 산업 폐기물로 처분되었다. 분명 수율은 높아졌지만, 결과적으로 원가 절감으로 이어지기는커녕 오히려 원가율 상승을 초래했을 뿐이다.

과잉 생산에 의한 낭비는 반드시 배제

그래서 '수율이 낮아져도 좋으니 빈 곳에 매번 범용품을 만들지 말고, 주문이 들어올 때만 만들자'라고 제안했다. 저자의 생각에 따르면 비록 수율은 낮아지겠지만 원가는 확실히 낮아진다. 결국, '수율 향상 = 원가 절감'이라는 생각은 큰 착각이었다. 이 사례에서도 알 수 있듯이 '과잉 생산에 의한 낭비'는 '팔리지 않음 → 재고 증가 → 폐기 처분'이라는 악순환의 원인이 된다.

도요타는 설비 능력에 맞추어 생산하는 것이 아니라 필요한 생산 대수팔리는 수량에 따라 생산 속도를 결정한다. '설비 능력에 여유가 있어도 괜찮다'라는 사고방식을 가지고 있다. 설비 능력에 여유가 있으면 바로 '설비 가동률을 높이자'라고 생각하기 쉬운데, 여분으로 만든 상품은 판매할 곳이 없기 때문에 불량 재고가 될 운명에 처해지는 것이다. 불량 재고가 발생하면 앞에서 사례로 든 콘크리트 패널 제조사와 같은 실패를 경험하게 된다. 그래서 설비 능력이 남아돌더라도 실제로 팔리는 수량만 생산하겠다는 것이다.

'과잉 생산에 의한 낭비'로 크게 실패한 도요타

도요타도 2008년의 리먼 쇼크 때 '팔리는 수량만 만든다'는 대원칙에서 벗어나는 바람에 큰 손실을 보았다.

'말은 쉽지만, 행동으로 옮기기는 쉽지 않다'는 말이다.

도요타가 실패한 가장 큰 요인은 그토록 염원하던 '세계 최고'라는 타이틀이 눈앞에 어른거렸기 때문일 것이다. 게다가 이듬해인 2009년에는 와타나베 가츠아키 사장에서 창업가인 도요다 아키오 부사장현 사장으로 경영권 승계가 결정되었기 때문에 어떻게 해서든 세계 최고인 상태에서 넘겨주고 싶다는 조바심이 있었을지도 모른다.

당시 매출이 성장세였기 때문에 도요타는 판매 대수를 늘리기 위해 캐나다와 미국 등의 해외 공장을 증설하고 풀가동했다. 100%만 생산해도 충분한 것을 120%까지 생산하고 있었고, 리먼 쇼크로 생산량이 80%까지 감소했을 때에는 큰 타격을 입었다. 이것은 모두 과잉 재고가 되어 이를 해소하는 데 수년의 시간과 수조 엔의 자금이 투입되었다. 이것이 도요타의 '과잉 생산에 의한 낭비' 사례이다.

구체적인 수치로 보면, 2008년 3월 기에는 연결 매출이 26조 2,892억 엔이었는데, 2009년 3월 기에는 지난

해 같은 기간보다 21.9% 하락한 20조 5,295억 엔까지 감소했다. 영업 이익도 2008년 3월 기에는 2조 2,703억 엔이었는데, 2009년 3월 기에서는 무려 4,610억 엔의 대규모 적자를 기록하여 도요타 창업 이래 최대 위기를 맞았다.

2009년 6월에 도요다 아키오 사장이 취임했을 때 그는 '도요타는 TPS의 원점으로 되돌아가겠다'라고 발표했다. 그것은 '팔릴 만큼만 만들겠다', '낭비를 만들지 않겠다'라는 결의였다.

08
적자 회사를 흑자로 만든 낭비 제거

●●● 5개 부문에서 한 번에 낭비를 없애는 종합 체크 리스트

낭비 제거의 목적은 어디까지나 원가 절감이다. 원가를 절감하는 방법에는 지금까지 소개한 구체적인 낭비 제거 방법롤러 컨베이어와 슈터 등이나 실수 방지 장치 등 바로 적용할 수 있는 것들이 있다. 그러나 이 방법으로는 단편적인 대응밖에 할 수 없다. 그래서 전사적으로 추진하는 낭비 제거의 힌트를 알려주려 한다. 앞서 언급한 콘크리트 패널 제조사 A에 대한 컨설팅에서 연간 1억 엔의 적자 회사를 흑자 회사로 바꾼 체크 포인트, 구체적으로는 낭

비 제거의 필수 항목을 체크 리스트로 정리해 소개하니 참고하자.

어느 부분을 점검하여 낭비 제거를 하면 좋은지에 대한 힌트가 될 것이다. 다음과 같은 다섯 가지 부문에서 원가를 재검토했다.

① 영업 설계 부문을 재검토한다
② 생산 기술 부문을 재검토한다
③ 품질 관리 부문을 재검토한다
④ 구매 부문을 재검토한다
⑤ 제조 부문을 재검토한다

또한, 〈표 27〉의 위쪽을 보면 알 수 있듯이 '◎'이 그 부문에서 특히 주력해야 할 원가 절감 대상 비용이다. 다만, 대상 비용을 알고 있어도 어떻게 추진해야 좋을지 모르면 안 된다. 그것을 나타낸 것이 〈표 27〉의 '개선 진행 방식 착안점'이다.

항상 이 9가지 착안점을 바탕으로 대상 비용을 점검하면 어떻게 대응해야 원가 절감을 할 수 있을지 분명해진다.

원가					실시 부문				
					영업 설계	생산 기술	품질 관리	구매	제조
제조 원가	직접 재료비			소재비	◎	○	○	◎	○
				구매부품비	◎	○	○	◎	
				모듈 구매비	◎	○	○	◎	
				공정손실비 · 처분비	○	○	○	○	◎
	가공비	제조 부문비		노무비	○	○	○	○	◎
				감가상각비, 세금, 보험료	○	◎	○	◎	○
			특정 경비 / 간접 재료 공구	보조 재료비	◎	○	○	◎	◎
				소모 공구비	○	◎	○	○	◎
				보전비		◎	○	○	◎
				경비					◎
				에너지비		◎			◎
		보조 부문비			◎	◎		◎	
		영업 설계 부문비			◎			◎	

개선의 추진 방식 착안점
① 저가품으로 변경
② 수명 연장
③ 표준, 기준 재검토
④ 재이용
⑤ 작업 개선
⑥ 수율 향상
⑦ 불량 개선
⑧ 설비 투자 삭감(개조, 유용)
⑨ 기타 – 횡적 비교 및 수평 전개 – 내재화 – 무리, 불균형, 낭비 해소

〈표 27〉 원가 절감의 대상 비용과 실시 부문 사례

새로운 적자를 발생시키지 않는 시스템

본래 원가 절감 효과를 높이려면 새로운 상품이 기획되고 총원가의 할당을 검토하는 단계원가 기획 또는 개별 설계 단계원가 계획에서 실행해야 효과가 크다고 지적한 바 있다. 그러나 앞서 언급한 콘크리트 패널 제조사 A의 경우, 그 단계까지 돌아가 대책을 세울 시간이 없었다. 이미 10년 동안 계속 적자였기 때문에 가능한 부분부터 서둘러 손을 써서 난국을 벗어나야만 했다. 그래서 저자가 가장 먼저 손을 댄 것은 '적자를 발생시키지 않는 시스템 구축'이었다. 그것이 다음 5가지 부문별 대응책이며, 이것은 어느 회사에서나 실행 가능하다고 생각한다.

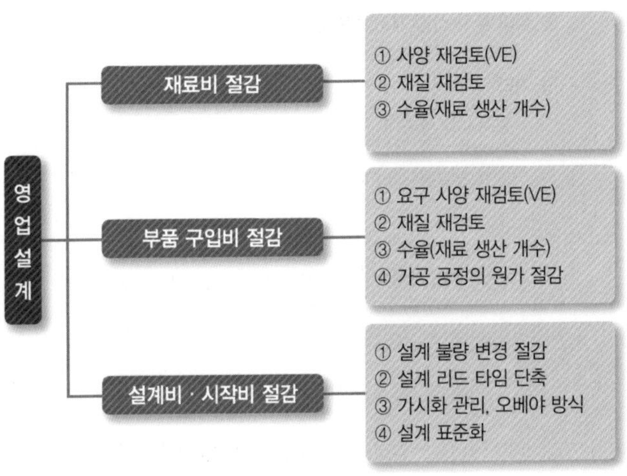

〈표 28〉 영업 설계 부문의 낭비 제거

① 영업 설계 부문을 재검토한다

우선 영업 설계 부문에서는 재료비의 절감, 구매 부품비의 절감, 설계비, 시작비의 절감을 들고 있는데, 기본적인 관점은 다음과 같다.

- 같은 재료, 같은 사용량일 때에 더 저렴한 것으로 변경할 수 있는가?
- 비용 대비 효과가 높은 재료는 없는가?
- 더 오래 사용할 수 있는 부품은 없는가?

② 생산 기술 부문을 재검토한다

원가에는 당연히 인건비도 포함된다. 즉, '작업자가 정해진 시간 내에 얼마나 많은 일을 해낼 수 있는가, 작업 대기 시간은 없는가'도 원가와 직결된다. 그래서 〈표 29〉에서처럼 설비, 가동, 공정 수 등을 축으로 하여 정해진 시간 내에 최대한 성과를 발휘하기 위한 시스템을 마련하는 것이 생산 기술 부문이 목표하는 것이다.

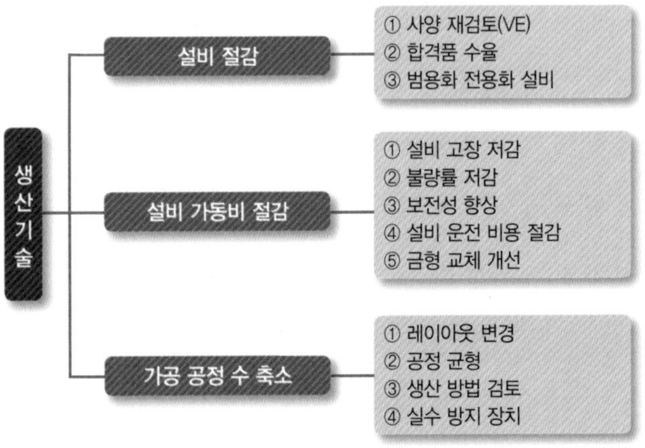

〈표 29〉 생산 기술 부문의 낭비 제거

③ 품질 관리 부문을 재검토한다

불량품이 많이 발생하면 낭비가 중복되면서 비용이 상승하고, 불량품이 시장에 유출되면 회사는 큰 타격을 입는다.

여기서는 불량품 저감과 불량에 의한 재료비의 절감에 더하여 품질 관리비의 절감까지 세 가지로 압축했는데 특히, 불량품의 저감은 '도요타 생산 방식TPS'에 기반을 둔 10가지 대처 방안〈표 30〉 참조으로 개선하도록 한다.

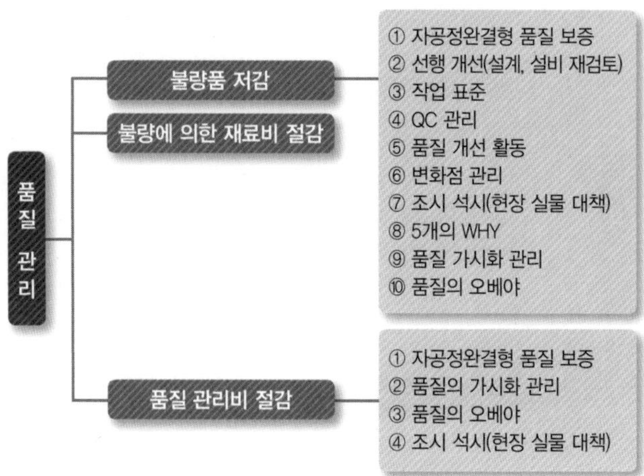

〈표30〉 품질 관리 부문의 낭비 제거

④ 구매 부문을 재검토한다

구매하는 부품의 단가를 절감하거나 협력업체에 원가 절감 협력을 받기 위해 〈표 31〉과 같이 구매품 단가 절감, 협력업체와 협력 및 제휴, 협력업체 지도 등을 중심으로 협력업체를 재평가하거나 저가 부품으로 변경할 수 없는지 등을 검토한다.

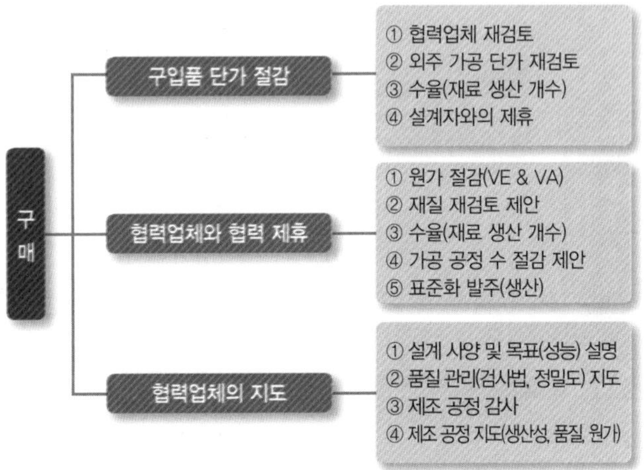

〈표 31〉 구매 부문의 낭비 제거

⑤ 제조 부문을 재검토한다

제조 부문에서는 공정 수 축소와 시간을 단축하기 위해 〈표 32〉와 같이 '가공 공수비 절감', '생산라인비 절감', '금형 교체비 절감', '재고 삭감' 등을 재검토했다.

일반적으로 이렇게 다양한 관점에서 자사의 업무 진행 방식을 재검토하는 것은 상당히 힘든 일이다.

그러나 다음 장에서 설명하는 동기 부여가 사내에 확산된다면 전사에서 추진해야 할 원가 절감 활동에도 진

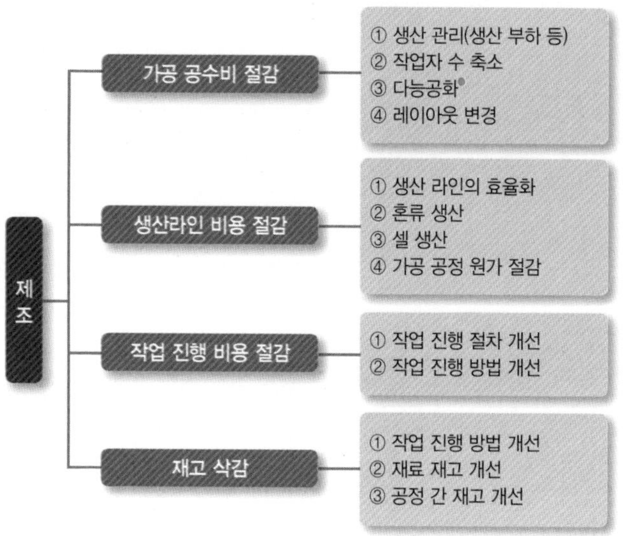

〈표 32〉 제조 부문의 낭비 제거

지하게 참여하여 일정한 성과를 낼 수 있을 것이다.

실제로 콘크리트 패널 제조사에서는 1년 후에 1억 엔의 원가 절감을 달성하여 단번에 흑자 전환에 성공할 수 있었는데, 그 바탕이 된 것이 5개 부문에서 원가를 재검토했기에 가능했던 일이다.

● 한 사람이 여러 가지 작업이나 공정을 수행할 수 있는 능력을 가지는 것을 말한다

제6장

오베야 방식의 효과

오베야 방식의 효과

01
도요타의 가시화란 무엇인가

●●● 안돈, 간판 등의 시스템을 통해 문제를 알린다

'가시화'라고 말하면 도요타의 '안돈Andon, 각 공정의 정상 작동 여부를 보여주는 램프'을 연상하는 사람이 많을 것이다. 안돈은 공장에서 어떤 문제가 발생하면 황색이나 적색 램프가 점등되는 시스템이다. 이를 통해 문제가 발생했을 때 조장과 공장장이 신속하게 현장으로 달려가 문제를 해결할 수 있다. 안돈은 누구나 볼 수 있는 장소에 설치되어 있어서 문제가 발생하면 모두에게 신속히 알려주는 시스템이다. 이것이 도요타의 대표적인 가시화 시스템이다.

'간판'도 가시화 시스템 중 하나다. 간판 방식은 필요한 부품 명이나 수량이 쓰인 간판이 공정에 따라 이동하기 때문에 모든 작업자가 그 정보를 공유할 수 있고, 필요한 부품을 필요한 수량만큼 필요한 장소에 실시간으로 공급할 수 있는 시스템이다.

오베야 방식도 가시화 중 하나

도요타의 가시화는 공장뿐만 아니라 스태프 부문에서도 사용한다. 그중 하나가 이번 장에서 말하는 '오베야 방식'이다. 5장에서 서술했던 '낭비 제거'는 주로 공장 부문에서 원가 절감을 하기 위한 대책이었다. 이번 장에서 설명하는 오베야 방식은 주로 관리 부문에서 성과를 낸 원가 절감 대책이라 할 수 있다.

도요타에는 다양한 가시화 시스템이 존재하지만, 저자의 컨설팅 경험에 따르면 스태프 부문에서는 오베야 방식을 도입하여 원가 절감에 성공한 사례가 많다. 그런 의미에서 이번 장은 '스태프 부문의 원가 절감 실천편'이라 할 수 있다.

오베야 방식은 한마디로 말하면 관계자 모두와 정보를 공유하는 것이다.

예를 들면, '원가를 10% 삭감한다'라는 목표를 큰 방이나 복도 벽에 붙여놓는다. 누구나 볼 수 있도록 하므로 오베야 방식은 가시화 방법 중 하나이다. 관련 부서 직원들은 벽에 붙어 있는 목표를 보며 각자 '10%의 원가 절감'을 실현할 방법을 생각하기 시작한다. 예를 들어, 부서 A에서 '이런 방법은 어떤가'라는 제안 스티커를 붙이고, 부서 B에서도 '이런 방법도 있다'라고 또 다른 제안 스티커를 붙인다.

이런 제안 스티커를 보면 해당 목표와 관계없는 다른 부서 직원들까지도 사내에서 무엇이 문제가 되고 있고, 어떤 일을 하고 있는지 한눈에 알 수 있는 효과가 있다. 이렇게 사내 전 직원에게 정보를 공유하고, 철저히 보여주는 것이 오베야 방식에 의한 가시화 효과 중 하나다.

항상 보고 있으면 잊어버리지 않는다

또 하나의 효과는 잊지 않도록 한다는 것이다. 일반

적으로 사람은 이야기하거나 메일로 주고받은 내용 중 90% 이상을 다음 날 잊어버린다고 한다. 예를 들어, 상사로부터 '원가를 10% 절감하라'라는 지시를 받아도 직원은 눈앞의 일을 처리하느라 다음 날이면 그 지시를 잊어버리기 쉽다. 그러나 누구나 볼 수 있는 곳에 지시 사항을 붙여 놓으면 항상 모든 사람의 눈에 띄기 때문에 잊을 수가 없다. '10%의 원가 절감이었지, 꼭 달성해야지.'라고 생각하며 모두가 행동에 옮기려고 한다. 오베야 방식의 가시화에는 그런 이점이 있다.

여기에서 중요한 것은 가시화한 목표에 대해서는 반드시 실적을 기록하는 것이다. '3개월 동안 10% 절감'이라는 목표를 붙여 놓았다면, '○월 ○일은 5엔을 절감했다.'라거나, '○월 ○일은 절감하지 못했다.'라고 실적을 기록함으로써, 어떻게 절감할 수 있었는지, 왜 절감하지 못했는지, 어떻게 하면 절감할 수 있는지 등 다음 대책을 생각하게 된다.

또한, 가시화하기 어려운 것도 아이디어를 내서 가시화하는 것이 중요하다.

모든 일에는 전문가의 '감'과 '요령'이 있는데, 그것을 다른 사람에게 제대로 전달하기는 쉽지 않다. 그래서 제삼자가 그것을 이해할 수 있게 하려고 다양한 아이디어를 내고 공유하는 노력이 중요하다. 예를 들어, 전문가가 '꽉 잡아라'라고 말했을 때, '꽉'이란 어느 정도의 악력인지를 생각해보라는 것이다. 그렇다고 악력계로 측정할 필요까지는 없다. '철봉에 매달려 있을 때처럼' 또는 '강하게 악수할 때와 같은 느낌' 등 구체적인 이미지를 전달하라는 것이다. 이처럼 원래 보이지 않는 것을 가시화하는 것은 매우 중요하다.

저절로 의욕이 생기는 '기분 좋은' 상태

검사 효율에 관한 유명한 실험이 있다. 어떤 부품을 하루에 500개 검사하는 작업에 관한 실험이다.

한쪽은 상사가 그 목표를 인쇄해서 벽에 붙여 둔 것을 보면서 목표를 달성하기 위해 작업하는 방식이고, 다른 쪽은 작업자 스스로 종이에 목표를 써서 벽에 붙이고, '500개를 달성하면, 스테이크를 먹자'라고 자발적인 목표를 정하고 작업하는 방식이다. 이 두 가지 실험의 결과를 보면 후자 쪽의 작업량이 훨씬 많았다고 한다.

그 이유는 자신이 직접 목표를 정한 경우에는 목표를 달성하기 위해 무엇을 어떻게 할지 즐기면서 아이디어를 내서 일에 대한 동기 부여가 되기 때문이다. 그 결과, 생산성이 높아진다.

사람은 감정으로 움직이는 존재다. 좋은지 싫은지, 적인지 아군인지, 기분이 좋은지 나쁜지를 직감적으로 판단하여 행동한다. 논리만으로는 좀처럼 움직이지 않는다. 머리로는 날씬해지고 싶다고 생각해도 의욕이 없으면 다이어트를 계속하지 못하는 것과 마찬가지다. 그래서 득과 실만으로 사람을 움직이려 하지 말고, '행동할 때 기분이 좋다'라고 느낄 수 있는 분위기를 조성하는 것이 중요하다.

기분 좋은 분위기를 만들면, 뇌에서 도파민이 분비되어 행복감을 느끼고 그것을 여러 번 반복하면 습관이 되어 그런 일을 하는 것을 당연하다고 생각한다.

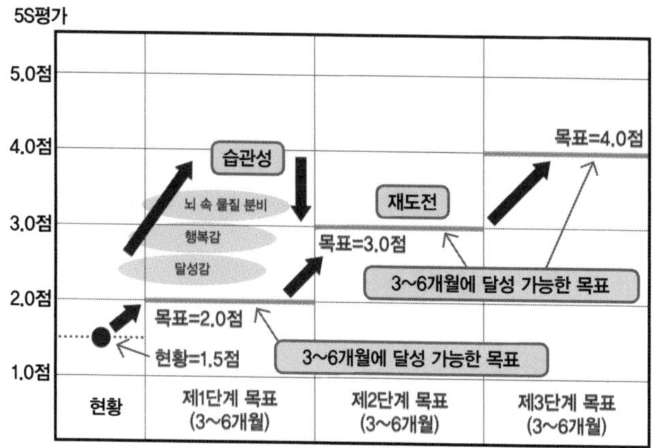

〈표 33〉 동기 부여에 의한 원가 절감 향상 사례

목표를 가시화해서 동기를 부여하면, 결과적으로 〈표 33〉과 같이 원가 절감 등의 성과가 나타난다. 이제부터는 오베야 방식에 의한 동기 부여 사례를 살펴보자.

02
오베야 방식을 도입하면 무엇을 할 수 있는가

●●● 노하우와 지혜의 개선 활동이 순환한다

신차를 설계 개발할 때, CE는 모든 관련 부서의 책임자 및 담당자와 협의한다.

오베야 방식은 이러한 활동을 활성화한다. 오베야에는 모든 부서의 책임자가 모이기 때문에 설계부터 원가절감 대책에 이르기까지 자동차에 관한 모든 문제를 지표와 실물을 보면서 그 자리에서 바로 분석할 수 있고 대책을 세울 수 있다. 오베야에서 즉시 결정하고 신속하게 처리할 수 있다.

한편, 미국 등 서구의 경우, 부장급은 대부분 개인 사무실을 갖고 있기 때문에 다른 부서의 부장과는 개별적으로 메일로 연락하며 결론을 내는 것이 일반적이다. 이런 방법으로 결론을 내려고 하면, 1주일이나 2주일 때에 따라서는 1개월이 지나도 이견을 조율하기가 쉽지 않다. 메일을 통한 의사소통은 서로의 시간을 빼앗지 않기 때문에 언뜻 보면 효율적인 것 같지만, 사실 전체적으로 업무 효율이 매우 낮은 방법이다.

예를 들어, 원가 절감을 위해 'A 부품을 10엔에 만들어라'라는 요청을 받았을 때, 그것이 다른 부서의 설계와 관련되어 있으면 설계부의 담당자에게 원가 절감을 검토하도록 의뢰하면 그만이라고 생각한다. 그런데 '음, 원가 절감을 하라고? 일단 상사와 이야기해보겠다'라는 내용의 회신을 받은 상태에서 좀처럼 결론이 나지 않는다. 다른 부서와 이런 식으로 일을 진행하기 때문에 계속 기다려도 결론이 나지 않는다. 그러나 오베야 방식으로 책임자들이 한자리에 모이면, 그 자리에서 바로 대답할 수 있기 때문에 업무 효율이 매우 높다.

도요타에서는 항상 5~10개의 모델 설계 변경이 함께 진행되므로 프로젝트별로 오베야가 상시 운영되고 있다. 그래서 관계자는 자신이 속한 오베야에 가기만 하면 해당 프로젝트가 끝날 때까지 여러 가지 데이터와 자료를 볼 수 있다.

할리데이비슨의 신형 모델 개발 기간을 단축

세계적으로 유명한 미국의 오토바이 제조사인 할리데이비슨은 과거 모델 하나를 개발하는 데 4년이 소요되었다. 그러나 저자가 그 회사에 〈표 34〉와 같은 오베야 방식을 도입하자 과거 대비 절반인 2년 만에 신모델을 개발할 수 있게 되었다. 생산성이 2배 높아진 것이다.

할리데이비슨은 신모델 개발에 왜 4년이나 소요되었을까? 그 원인은 역시 메일을 통한 의사소통에 있었다. 각자의 사무실에서 메일을 통해 의사소통해서는 쉽게 결정될 수 있는 일도 결정되지 않는다. 메일을 통한 의사소통은 도요타의 관점에서 보면 낭비이지만, 그들에게는 당연한 업무 처리 방식이었다. 그러나 할리데이비슨이 오베야 방식을 도입하여, 모든 관계자가 한 곳에 모여서 서로 확인하면서 개발을 진행한 후에는 설계 변경도 눈에 띄게 감소했다. 도요타는 디자인 리뷰를 통해 오베야 방식을 시스템화하고 있다.

여담이지만, 당시 할리데이비슨 담당자는 이후 출세하여 회사의 생산 효율을 크게 향상했고, 그에 관한 책도 출판했다. 또한, 당시 저자와 함께 일했던 부사장은 지금 독립하여 경영 컨설턴트로 일하고 있다. 그는 아마 오베야 방식에 의한 생산성 향상 실적을 바탕으로 타사에 그 노하우를 전수하는 컨설팅을 하고 있을 것이다.

오베야 방식 도입으로 보잉사의 생산성 향상

미국 보잉사의 경우에도 보잉737 신형 모델의 설계 개발부에 오베야 방식을 도입하여 한 번에 생산성을 높였던 적이 있다. 보잉사에 오베야 방식을 도입할 때 저자는 다음과 같이 설명했다.

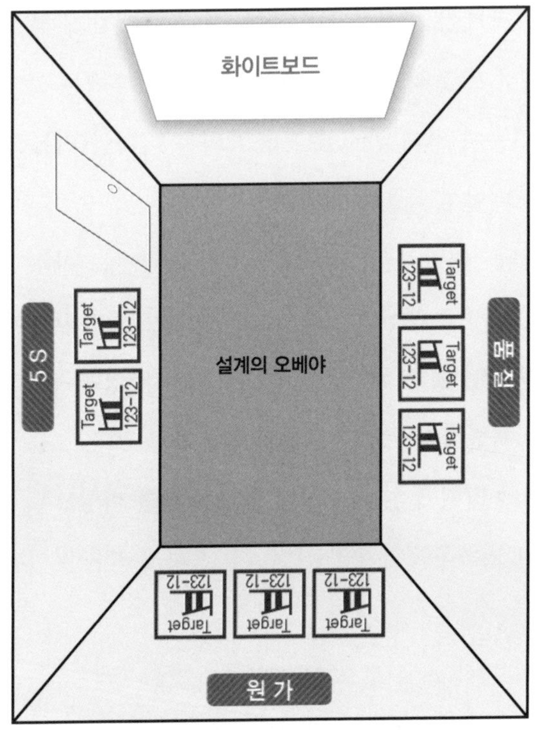

〈표 34〉 오베야 방식 도입 사례

'당신들은 개인적으로는 우수할지도 모른다. 하지만 가지고 있는 능력을 충분히 활성화해 발휘한다고는 볼 수 없다. 당신들은 언제나 각자의 사무실에서 일하고 있어서 뇌는 활성화되지 않은 상태이기 때문이다. 설계 개발부도

즉시 오베야 방식을 도입하여 각자 가지고 있는 능력을 활성화하자!'

놀랍게도 반대 의견이 전혀 없이 '재미있다. 오베야 방식을 도입하자'라는 반응이 돌아와 즉시 적용할 수 있었다. 보잉사에서 오베야 방식을 순조롭게 도입할 수 있었던 이유는 이미 할리데이비슨에 도입하여 실적을 낸 경험이 있었고, 그 평판을 들었기 때문인지도 모른다.

문제점을 설계 단계에서 피드백

오베야 방식은 즉시 결정할 수 있다는 것 외에 또 다른 효과가 있다.

첫째, CE에게 피드백을 해주는 것이다. 오베야에는 여러 관련 부문이 모이기 때문에 CE가 몰랐던 일도 화제에 오른다. 예를 들면, 양산 단계에서 예정대로 납품되고 있는 것처럼 보였지만, 실제 내부에서는 많은 작업자가 매일 잔업을 하고 있다는 등의 의견이 나오기도 한다. CE가 이런 문제를 알게 됨으로써, 양산 단계에서 현장의 노력에만 의존하지 않고 사전에 설계 단계에서 그 문제를 검토하여 해결할 수 있게 된다. 이처럼 오베야 방식은 다양한 현장의 문제를 원가 기획 단계로 피드백하는 장이 되기도 한다.

현장양산과 CE원가 기획 간에 노하우와 지혜의 개선 활동이 선순환하는 것도 오베야 방식이 갖는 장점이다.

03
어떤 효과가 있는가

●●● 즉시 결정할 수 있으며, 개개인의 능력을 최대한 끌어낸다

서구 기업뿐만 아니라 일본의 외국계 기업도 앞서 말한 것처럼 일반적으로 '설계자는 혼자 틀어박혀 아이디어를 내는 것이 좋다'라고 생각한다. 그렇게 해서 나온 아이디어 중 획기적인 아이디어는 0.03%는커녕 0.01%도 되지 않는다.

특히, 스태프 부문의 '일'은 한 자리에서 통합적으로 여러 부서 간의 의견을 수렴하고 조정해야 비로소 좋은 결론이 나오는 법이다. 오베야 방식은 다양한 조직의 책임자들을 통합하여 서로 의견을 교환하면서 결론을 도출하는 데 적합하다.

오베야에서는 서로 아이디어를 교환하고 그것을 논의하는, 이른바 '서로 간의 생각을 빌리고 빌려주자'라는 방식으로 많은 사람이 모여 아이디어를 창출하는 시스템이기 때문에 일이 잘되는 것이다.

오베야에서 대화하면 개개인의 뇌가 활성화

또한, 오베야는 개인에게 예상치 못한 장점을 가져다준다. 그것은 여러 사람이 모여 논의하기 때문에 뇌가 매우 활성화된다는 점이다. 사무실에서 혼자 틀어박혀 일하면, 그곳에서 나오는 아이디어는 한 사람의 뇌 영역을 벗어나지 못하지만, 〈표 35〉와 같이 다른 부서 사람에게 자신이 생각했던 것과는 다른 아이디어나 의견을 듣게 되면, 개인의 뇌도 매우 활성화된다.

일본의 한 게임 콘텐츠 제작사에서 오베야 방식에 의한 가시화를 도입한 적이 있다.

처음에 대부분 관리자가 오베야 방식에 반대했는데,

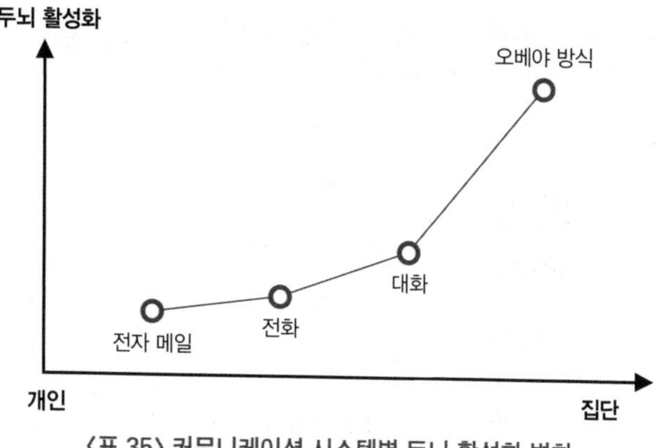

〈표 35〉 커뮤니케이션 시스템별 두뇌 활성화 변화

실제로 성과가 나오자 서서히 도요타의 생산 현장에서처럼 매우 활성화되었다. 사무실에서 혼자 작업하면 인간의 뇌는 활성도가 낮아진다. 타인과 의사소통의 활성화 측면에서도 메일보다는 대화가 상대방의 반응을 바로 알 수 있기 때문에 우수하다는 평가를 받고 있다. 직접 대화를 하면 상대방의 표정과 목소리에서 미묘한 뉘앙스를 읽으려 하기 때문이다. 즉, 오베야 방식은 여러 사람과 소통을 통해 개개인의 뇌를 활성화해서 어려운 문제를 해결할 수 있다는 장점이 있다.

〈표 36〉과 같이 직장을 활성화하는 것에는 많은 방

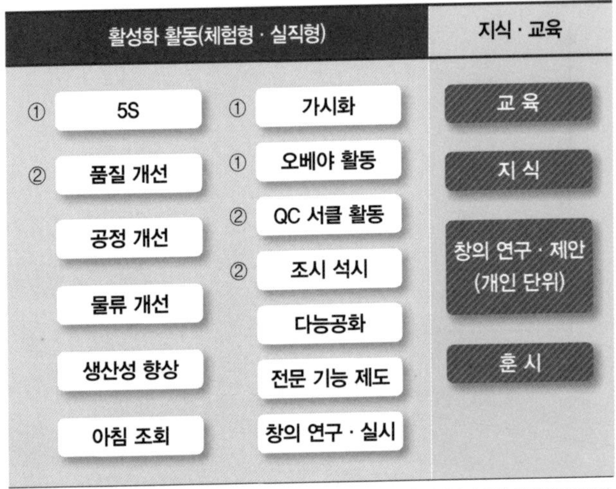

〈표 36〉 집단의(직장)의 활성화 활동 종류

법이 있는데, 그중에서도 오베야 방식은 특별히 준비할 것도 없고, 도입하기도 쉽고, 성공하기도 쉬운 방법이다. 게다가 앞서 말한 것처럼 다음의 두 가지 효과를 얻을 수 있다.

① 즉시 결정할 수 있어서 생산성이 향상된다

② 개개인의 능력을 최대한 끌어낼 수 있다

04
어디까지 응용할 수 있는가

●●● 러시아의 공장과 스리랑카 기업에도 횡적 전개하다

오베야 방식은 스태프 부문에서부터 시작되었지만, 스태프 부문에만 한정해서 적용하는 것은 너무나 아깝다. 그래서 저자는 중국과 러시아 공장을 개선할 때에도 오베야 방식을 도입했다. '자공정완결'은 공장 부문에서 스태프 부문으로 확장된 것인데 반해 오베야 방식은 스태프 부문에서 공장 부문으로 확장된 것이다.

저자는 우선 러시아 공장에 '개선을 위한 오베야'라는 코너를 마련하고, 그곳에 개선에 관한 다양한 지표를 가시화했다. 그리고 관련 라인의 리더들을 모이도록 했더니, '왜 잘 되지 않았을까, 이렇게 했더니 잘 되었다.'라고 서로 의견을 주고받으면서 개선 효과를 얻을 수 있었다.

원래는 설계 개발 시에 사용했던 오베야 방식을 공장의 개선 활동에도 응용한 사례다.

스리랑카에서 시작된 '경영의 오베야'

또한, 경영진의 관리에도 오베야 방식을 응용해보았다. 스리랑카의 그룹사에 '경영의 오베야'를 도입했다. 그 그룹사 오너는 회사를 10개 이상 보유하고 있었는데, '각각의 회사에 대해 경영 지표로 무엇을 어떻게 봐야 하는지', '어떻게 회사를 관리하면 좋은지'를 알 수 없게 되었다면서 저자에게 컨설팅을 의뢰한 것이었다. 그래서 오너의 옆방에 오베야를 만들고, '모든 계열사의 상황을 가시화해 보자'라고 제안했다.

구체적으로는 우선 모든 계열사 사장들에게 '어떤 지표', '어떤 평가', '어떤 일을 하기를 바라는가'에 대한 보고서를 제출하게 했다. 계열사 사장들에게 숙제를 낸 것이었다. 그리고 일주일에 한 번씩 계열사 사장들에게 오베야에 와서 오너에게 결과를 보고하게 했다. 오베야의 데이터는 매일 갱신되고, 오너가 점검할 수 있도록 만들자 큰 효과가 나타나기 시작했다.

여기에서 중요한 것은 매일 갱신되는 데이터가 아니라 사람과 사람이 얼굴을 맞대고 논의하면서 대책을 세우는 오베야 방식 특유의 프로세스다. 이 스리랑카 그룹사는 경영 과제와 같은 복잡한 문제에도 오베야 방식을 도입한 후에 곧바로 눈에 보이는 효과를 얻을 수 있었다. 이처럼 오베야 방식을 적용하면 여러 가지 다양한 문제를 가시화함으로써 해결할 수 있다.

05
어떻게 추진하면 좋은가

●●● 작은 활동에서 시작해 전사적으로 전개하면 성과가 나온다

휴대전화 앱 제작사의 한 사업부에 TMSTotal Manage-ment System를 도입했던 적이 있다. 이 회사는 복도나 벽에 손으로 쓴 메모를 붙여 '일'을 '가시화'하여 개선 효과를 얻을 수 있었다. 오베야 방식이라고 해서 반드시 넓은 장소를 준비할 필요는 없다. 저자는 이렇게 복도나 벽 일부를 이용하여 가시화하는 것을 '고베야작은 방 방식'이라고 부른다. 이 회사는 외국계 기업과는 달리 개인 사무실이 아니라 넓은 공간에 좌석을 늘어놓고 파티션으로 구분하는 일본에서 흔히 볼 수 있는 자리 배치 방식을 사용하고 있었다. 그러나 직원들은 컴퓨터를 바라보면서 묵묵히 프로그래밍만 하므로 실제로는 개인 사무실처럼 되어 있는 상태였다. 옆 사람이 무엇을 하고 있는지, 바쁜지 아닌지조차 관심을 보이지 않고, 자신에게 주어진 일만 묵묵히 처리하고 있었다.

작은 활동을 가시화하는 것부터 시작

이렇게 해서는 안 된다는 생각에 가장 먼저 착수한 것이 개개인의 업무 내용, 그날에 느낀 문제점 등을 스티커에 써서 벽에 붙이게 했다. 언뜻 보면 아무것도 아닌 내용이지만 스티커에 써서 벽에 붙임으로써, '일'을 '가시화'한 것이다. 사업부는 대부분 직원이 밤 11시, 12시까지 장시간 잔업을 하고 있었기 때문에 잔업 시간을 줄이는 것도 또 다른 목표로 삼았다.

처음에는 '나는 오늘 이 일을 하겠다' 정도의 글만 붙여져 있었다. 그러나 조금 지나자 '○○○ 때문에 어려움을 겪고 있다'라고 써서 붙여놓은 직원이 나타났다.

그 후 다양한 글들이 차례로 등장했다.

가시화라고 해도 이런 사례의 경우에는 내용이 통일되지 않기 때문에 완벽해보이지 않지만, 처음에는 이 정도면 충분하다. 완벽할 필요는 없다. 사소한 메모부터 시작하면 된다.

활동을 가시화해서 동기 부여를 상승

다음으로 제안한 것은 '개인의 행복도'와 '회사의 행복도' 간의 관계를 재정립하는 것이었다. 〈표 37〉과 같이 개인의 행복도 지표로는 '일의 보람', '의욕동기 부여'을 선택하여 그래프의 세로축에 표시했다. 가로축은 회사의 행복도를 가리키는데, 그 지표는 '매출 상승', '이익 증가' 등을 선정했다.

경영자가 '회사의 원가를 줄이고 싶다'라고 생각해서 직원들에게 원가를 절감하기 위한 일을 시키려 해도, 사람들은 쉽게 움직이지 않는다. 그럴 경우, 직원들이 경영자에게 '순서가 뒤바뀠다'라고 말하게끔 하고 있다.

우선, 직원들 각자가 '일하는 게 즐겁다', ' 보람을 느

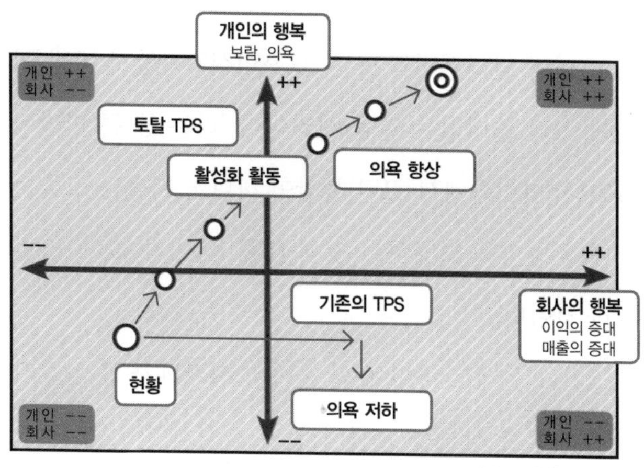

〈표 37〉 개인과 회사의 행복도 관계

낀다', '사는 보람이 있다'라고 느낄 수 있도록 동기를 부여하는 것이 중요하다. 그리고 어느 정도 동기 부여가 되어 의욕이 생기면 원가 절감을 위한 활동이 활발해지고, 그 결과 회사가 이익을 얻기 시작한다. 즉, 추진하는 순서가 뒤바뀌었다는 것이다.

동기 부여가 상승되면 고도의 가시화를 실현

처음에는 자신이 하는 일이나 힘든 점을 복도나 벽에 써서 붙이는 '고베야 방식'에 대해 직원들로부터 '이런

다고 뭐가 달라질까?' 또는 '도요타식? 이렇게 바쁜 시기에 그런 쓸데없는 일을 시키다니!'라는 등 큰 반발이 있었다. 머릿속에서 그런 불만이 하나둘 떠올라 그들은 고베야 방식을 도입하는 것에 대해 '의미가 없다'고 반대한 것이다.

그러나 실제로 종이에 써 붙이기 시작하자 옆 사람의 업무 내용과 상황을 조금씩 알기 시작하면서 '같은 고민을 하고 있었구나!'라고 이해하게 되고, 사내 협조 분위기가 생겨 업무 의욕이 오르기 시작했다. 이 단계에 접어들면 가시화도 더욱 고도화된다. 사내 전체의 문제점도 알게 되고, 대책도 공유되기 시작한다.

'고베야작은 방'에 모이면서 같은 문제와 과제를 공유할 수 있고, 다른 사람들의 업무와 고민을 이해할 수 있게 되었다. 또한, 다른 사람들의 효율적인 업무 방식을 따라 하면서 자기 일도 개선할 수 있게 되었다. 이런 활동이 작은 단위로 궤도에 오르기 시작하자 사업부 전체의 모습도 변하기 시작했다. 결과적으로 잔업 시간도 점점 줄어들게 되었다.

06
원가 절감의 효과가 있을까

●●● 활성화하면 동기 부여가 되어 성과가 나타난다

저자는 68세에 대학원에 진학하여 뇌에 대한 연구를 시작했다. '활성화', '동기 부여', '성과' 간의 관계를 연구하고 싶었기 때문이다. 그 결과, 확실히 알게 된 것은 사람은 좋아하지 않는 일은 하고 싶어 하지 않는다는 사실이다.

위 사실을 통해 아무리 필요성을 강조해도 원가 절감이 원활하게 진행되지 않는 이유를 알 수 있었다. 머리로는 '원가 절감은 필요하다'라고 이해하고 있지만, 좋아하는 일이 아니므로 억지로 하려고 해도 잘 안 되는 것이다.

'5S'라는 활성화 활동부터 시작

이런 감정을 바꾸기 위해 무엇을 하면 좋을까?

다소 의외일지도 모르지만, 결론부터 말하면 간단하게 '5S정리, 정돈, 청소, 청결, 습관화'라고 불리는 '활성화 활동'을 하는 것이다.

5S

정리Seiri, **정돈**Seiton, **청소**Seiso,
청결Seiketsu, **습관화**Seitsuke

특히 실적이 오르지 않는 회사의 경우, 매일 할 일이 정해져 있어 업무의 변화가 없고 타성에 빠지기 쉽다. 그런 직장에서 5S 활동을 도입하는 것은 새로운 업무가 추가되는 것이기는 하지만 업무 자체가 어렵지 않아 쉽게 실행할 수 있고, 성과 또한 쉽게 낼 수 있다.

다만, 5S는 혼자 하면 성과가 오르지 않는다. 회사의 팀 전체가 협력하여 실행해야 성과가 오른다. 그래서 5S를 진행하면 자연스럽게 리더나 팀 간에 협력 분위기가 조성되기 시작하는 것을 알게 된다. 그래서 저자는 다음과 같은 결론에 이르렀다.

활성화 활동을 한다

▼

동기 부여가 된다

▼

원가 절감으로 연결된다

$$\text{원가 절감} = \sum_{i=1}^{n} \text{개성}_i \times \text{능력}_i \times \text{동기 부여}_i$$

(여기서, n은 직원 수를 가리킴)

Σ(시그마)는 '모두 더한다'는 뜻

〈표 38〉 원가 절감을 가져오는 수식

그리고 이것을 나타낸 것이 〈표 38〉의 원가 절감을 가져오는 수식이다. 수식이라 해도 수학이 아니다. 단순한 곱셈이다.

첫 번째는 '개성'이다. 개성은 사람마다 다르다. 회사에 직원이 10명 있으면 10명분의 개성이 있다. 회사 전체의 인원수만큼 개성이 있다는 것이다. 두 번째의 '능력'이란 주로 지식을 가리킨다. 능력은 회사에서 교육을 통해 향상시킬 수 있다. 세 번째는 과제 해결을 위한 '동기 부여', 즉 의욕을 자극하는 것이다. 동기 부여는 마음의 문제이지만, 앞서 말한 것처럼 활성화 활동으로 높일 수 있다. 구체적으로는 개선 활동과 5S 활동을 통해 향상시킬 수 있다. 요약하면, 원가 절감 활동에서 성과를 창출하려면 동기 부여를 하는 활동을 하고 있는지가 중요하다.

뇌 연구에 따르면 사람은 기본적으로 '좋다, 싫다'는 감정에 따라 움직인다. 그렇다면 많은 사람이 원가 절감 활동을 싫어하므로, 먼저 '싫다'를 '좋다'로 바꾸고, '무관심'을 '관심'으로 바꾸면 되는 것이다.

'5S'로 활성화하면 동기 부여가 상승

적자가 10년간 계속된 A사로부터 공장 부문의 지도를 의뢰받았을 때, 5S를 도입하면 동기 부여가 얼마나 되는지, 동기 부여가 되었을 때 원가 절감 활동에 제대로 반영될지를 검증해보기로 했다.

왜냐하면, 이 회사의 공장 부문은 10년 동안이나 원가 절감 노력을 했지만 조금도 개선되지 않았고, 사장은 '매년 1억 엔의 적자가 계속되고 있다. 이대로는 회사의 문을 닫을 수밖에 없다'라고 토로하며 컨설팅을 의뢰했기 때문이다.

가장 먼저 전 직원에게 '정리, 정돈, 청소, 청결, 습관화의 5S 활동을 하자'라고 제안했다.

사장이 목표로 하는 원가 절감을 갑자기 시작하는 것이 아니라, 그 전에 '활성화 활동 5S'에 착수하여 직원들에게 동기 부여를 하는 것이 A사의 선결 과제라고 생각했기 때문이다. 그리고 〈표 39〉와 같은 리스트로 5S의 각 활동을 5단계로 점수를 매겨 가시화하기로 했다.

동기 부여가 되면 원가 절감은 순식간에 진행

5S 활동을 계속하는 한편, 활성화 상황을 〈표 39〉의 수치를 바탕으로 한 그래프를 작성하여 처음부터 계속 비

실시일 : 점검자 :

구분			판정(레벨) 1	2	3	4	5	비고
1S 정리	①	통로, 선반, 설비 주변에 불용품은 없는가						
	②	제작 중인 물건(쌀자루, 쌀겨)의 재고는 적당한가						
	③	선반, 작업대, 서랍 등에 불용품을 두지 않았는가						
	④	작업대 안에 불필요한 물건, 공구는 두지 않았는가						
2S 정돈	⑤	통로, 하차장이 명확히 구분되어 있는가						
	⑥	물건의 보관 장소가 명확히 표시되어 있는가						
	⑦	지정 장소 외에 물건이 놓여 있지는 않은가						
	⑧	층별, 조별 쓰레기통의 구분은 명확한가						
3S 청소	⑨	바닥, 통로, 작업대에 쓰레기나 얼룩은 없는가						
	⑩	설비, 지그, 작업대, 선반 등이 더럽지 않은가						
	⑪	창, 벽, 문, 휴게실 등이 더럽지 않은가						
	⑫	배선 등이 바닥에 늘어져 있지는 않은가						
4S 청결	⑬	제품/반제품의 보관 구역은 알아보기 쉬운가						
	⑭	물건 표시, 게시판이 알기 쉽고 정돈되어 있는가						
	⑮	회사 안이 언제나 질서정연하고 깨끗한가						
	⑯	정리, 정돈, 청소는 종합적으로 유지되고 있는가						
5S 습관화	⑰	5S에 관한 규칙이 결정되어 있는가						
	⑱	4S 점검은 정기적으로 실시되고 있는가						
	⑲	문제 재발은 확실히 방지하고 있는가						
	⑳	일하기 쉬운 현장 분위기가 조성되어 있는가						
현장의 활성화	1	전원이 활동에 참여하고 있는가						
	2	전원이 논의, 검토하는 모습이 보이는가						
	3	전원의 공통된 발견, 제언이 있는가						
	4	전원이 현장의 변화를 느끼고 있는가						
	5	구성원 간의 협력 분위기가 느껴지는가						
	6	리더만 홀로 애쓰고 있지는 않은가						
	7	구성들의 성장이 느껴지는가						
	8	보고 사항과 현장이 동기화되고 있는가						
	9	현장 분위기가 건강하고 활기가 있는가						
	10	회사의 성장이 느껴지는가						

〈표 39〉 5S & 직장 활성화 활동 · 제조 공정 · 진단 체크 시트 사례

교해 봤다. 그 결과, 시간이 지날수록 5S 활동이 꾸준히 진행되고 체계화되고 있다는 것을 확실히 알게 되었다.

그러나 이 단계에서 원가 절감은 전혀 진행되고 있지 않았다. 그런데 반년 후에 갑자기 원가 절감 움직임이 보이기 시작했다. 바라던 원가 절감 효과가 나타나기 시작했다. 이렇게 남은 반년 동안 1억 엔의 원가를 절감할 수 있게 되었고, 1년 만에 공장을 흑자로 전환시킬 수 있었다. 즉, 직원들에게 일정 수준 이상으로 동기 부여를 해줘야 비로소 원가 절감으로 이어진다는 사실이 분명해졌다.

이것은 '동기 부여란 무엇인가'를 분석한 결과이자 저자의 생각이 옳았음을 실증한 사례였다.

원가 절감, 도요타 생산 시스템TPS의 도입, 개선 활동 등 모든 것은 결국 '사람이 의욕을 낼 수 있는지'라는 동기 부여와 관련된 문제이다. 아무리 TPS 이론이 옳고, 원가 절감의 필요성을 이해하고 있어도 그것을 실행하는 사람이 스스로 변하지 않으면 제대로 기능하지 않는다. 가장 중요한 것은 사람의 동기 부여를 시스템

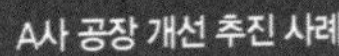

(전년도) 활성화 활동 성과

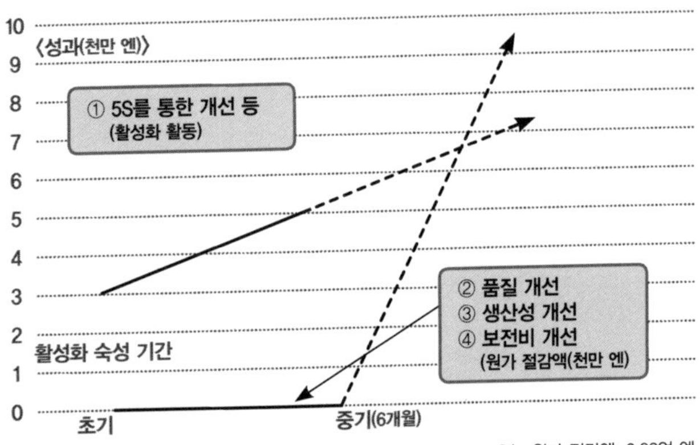

세로축 단위 : 5S=평가점, 전체 활성화=평가점, ②~④는 원가 절감액=0.92억 엔

〈표 40〉 활성화 활동에 의한 원가 절감 향상의 흐름

화하는 것이다.

유감스럽게도 원가 절감은 사람들이 좋아하는 일이 아니다. 그러므로 좋아하도록 만들 필요가 있고, 이를 위해 5S라고 하는 활성화 활동을 도입하여 정착시킨 후 동기를 유발하는 선순환 구조를 만드는 것이 중요하다. 도요타의 우수성은 그것이 이미 습관화되어 있고, 당연하게 이루어지고 있다는 점이다. 동기 부여를 할

필요도 없이 원가 절감 활동을 하는 것을 당연한 일로 여기고 있다. 전사적으로 그 정도 수준까지 의식을 높일 수 있다면, 원가 절감을 추진하는 이 책의 역할도 달성되었다고 할 수 있다.

맺음말

이익은 생산하기 전에 모두 결정되어 있다

영업 부문에서 상품 기획을 제안하고, CE가 총원가에 맞추어 부서별로 원가를 할당하고, 각 설계자가 도면을 작성하고, 설계를 바탕으로 설비 공정을 만들기까지가 양산 개시 전의 '일'이다.

그러므로 양산 개시 전에 참여한 관계자들이 원가 대부분을 결정했다고 할 수 있다. 그래서 진짜 원가 절감을 목표로 한다면, 양산 개시 전 단계에서 개선해야만 큰 효과를 기대할 수 있다.

그런데 대부분 회사에서는 이 단계에서 원가 대부분이 결정된다는 점을 의식하지 못한다. 그런 후, 양산 단계에 들어가자마자 공장에서의 원가 절감, 낭비 제거를 외친다. 일단 양산 단계에 들어가면 대부분 원가가 이미 결정되어 있기 때문에 원가 절감을 시작한다고 해도 한계가 있다.

회사란 원래 항상 원가를 의식하고, 자기 일과 원가와의 관계를 생각할 때 성립되는 것이라고 생각한다. 그러므로 최종적으로 진행한 '일'의 좋고 나쁨을 판단하는 것은 원가에 도움이 되는 '일'을 했는지 아닌지에 달린 것이다. 아무리 상사로부터 '일'하는 태도에 대해 칭찬받거나 상세한 보고서를 쓰고, 재미있는 기술을 도입했다 하더라도 그것만으로는 회사의 이익을 창출했다고 할 수 없다.

본인은 '일'을 했다는 만족감을 느낄지는 모르겠지만, '혹시 내가 원가를 높인 것은 아닌가'라고 항상 생각하는 자세가 필요하다.

원가를 의식한 시스템을 만든다

진짜 이익을 창출하고 있는지를 의식하면서 '일'을 하려면 원가를 바탕으로 다양한 시스템을 갖출 필요가 있다. 도요타에는 다양한 시스템이 있다. 먼저 CE 제도가 있다. 차종 담당 개발 총괄 책임자인 CE는 프로젝트의 모든 것을 관리하고 책임지며 성능과 품질뿐만 아니라 항상 원가와의 균형을 지켜보고 있다.

다른 설계자도 도면 체크 시트 등을 이용하여 원가를 생각하지 않을 수 없는 시스템 속에서 일하고 있다. 또한, 원가 기획 회의에는 회사의 경영진이 모여 원가에 주목하며 신상품을 검토하고 있다. 매월 보충 회의원가 계획의 범주를 계속하는 시스템이 사내에 필요하다고 생각한다.

저자는 무엇보다 개개인에 의해 결정되는 부분, 시스템을 만들어 지원하는 부분, 마지막으로 최고 경영진의 의식을 잘 정비하면 이익을 창출하는 시스템이 완성되고, 이익률을 높일 수 있는 회사로 성장할 것을 믿고 있다.

도요타는 '모든 이익은 원가 기획 단계에서 결정된다'라고 말한다. 바꿔 말하면 원가는 양산하기 전에 이미 결정된다는 말이다. 사실은 가장 큰 이익의 원천원가이 양산 이전 단계에 숨겨져 있는 것이다. 개개인이 원가를 상승시키는 근원인 동시에 이익을 창출하는 원천이다. 이러한 사실을 염두에 두고 근본에 초점을 맞춰 원가를 절감하여 이익을 창출하기 바란다.

세계 No.1 이익을 창출하는 비밀!
도요타의 원가

제1판 1쇄 발행 | 2017년 7월 25일
제1판 16쇄 발행 | 2024년 6월 5일

지은이 | 호리키리 도시오
옮긴이 | 현대차그룹 글로벌경영연구소
감수 | 구자옥
펴낸이 | 김수언
펴낸곳 | 한국경제신문 한경BP

주소 | 서울특별시 중구 청파로 463
기획출판팀 | 02-3604-590, 584
영업마케팅팀 | 02-3604-595, 562 FAX | 02-3604-599
H | http://bp.hankyung.com E | bp@hankyung.com
F | www.facebook.com/hankyungbp
등록 | 제 2-315(1967. 5. 15)

ISBN 978-89-475-4231-9 03320

책값은 뒤표지에 있습니다.
잘못 만들어진 책은 구입처에서 바꿔드립니다.